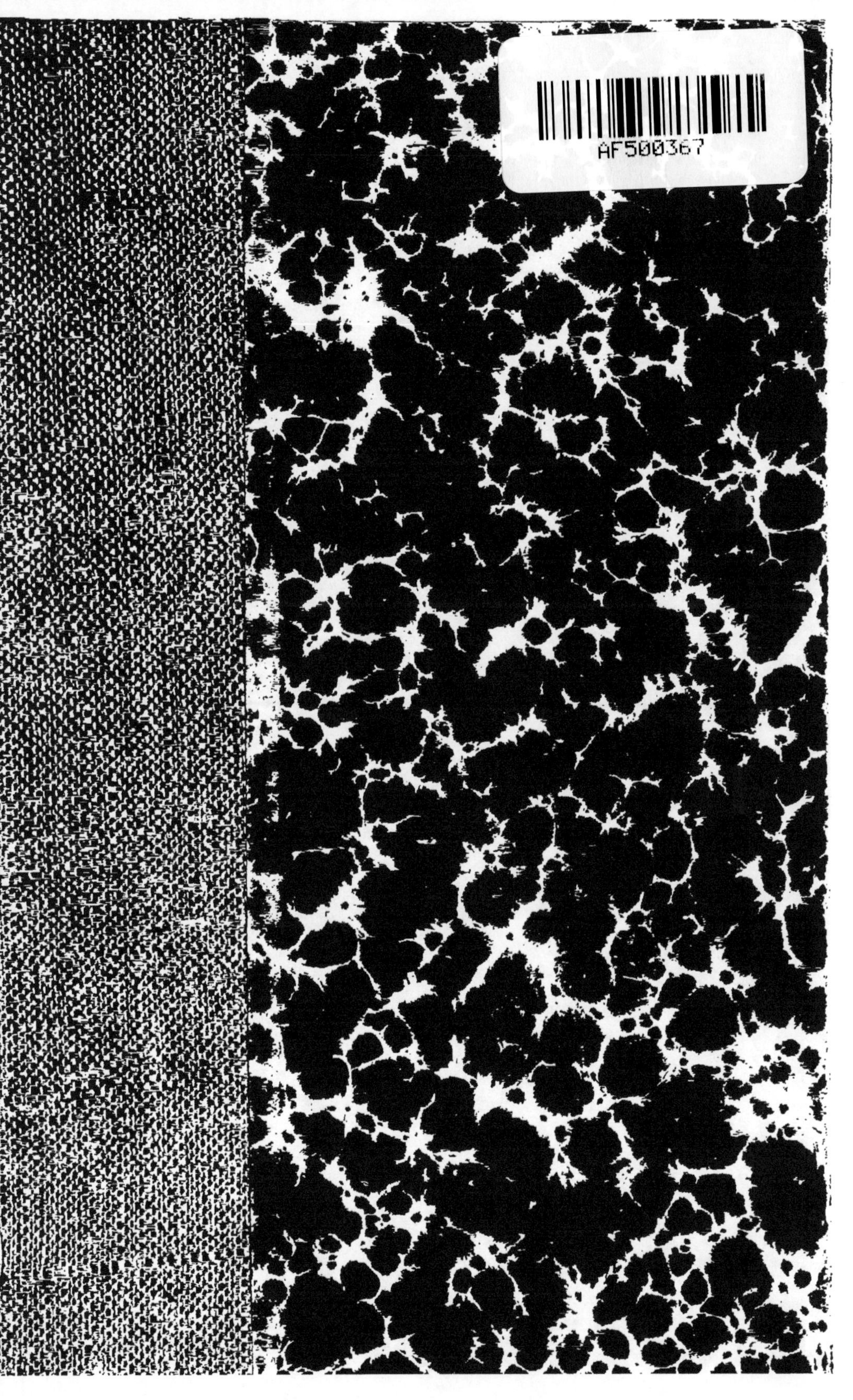
AF500367

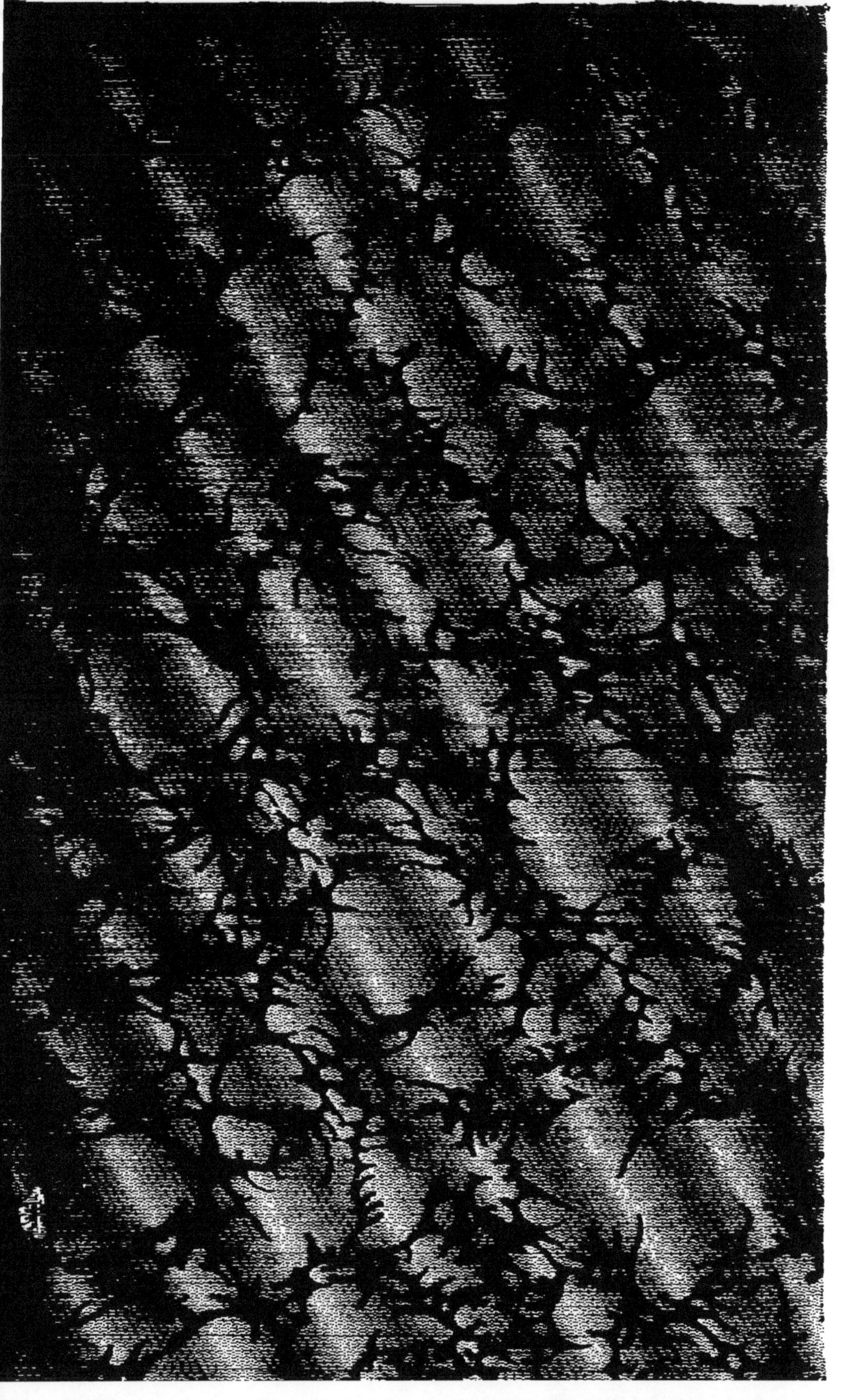

HISTORIQUE

DU

27^E^ RÉGIMENT

DE MOBILES DE L'ISÈRE

209 — Grenoble, impr. Rigaudin & Lassagne, rue Servan, 8.

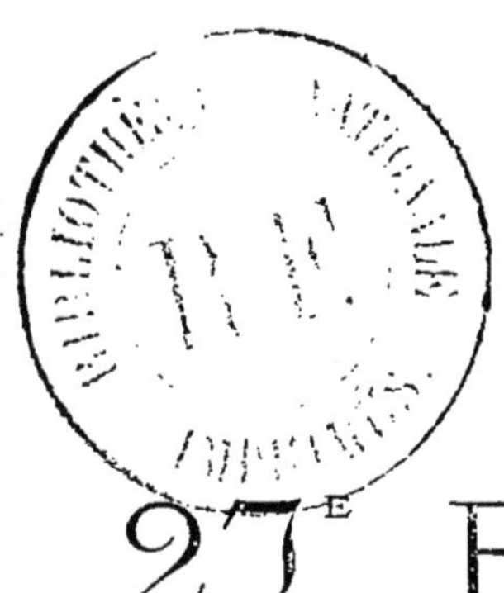

HISTORIQUE

DU

27E RÉGIMENT

DE MOBILES DE L'ISÈRE

PAR

Le Lieutenant-Colonel A.-A. VIAL
Ex-commandant dudit Régiment

GRENOBLE
IMPRIMERIE RIGAUDIN & LASSAGNE
8, rue Servan, 8

1871

AUX OFFICIERS, SOUS-OFFICIERS,
CAPORAUX & SOLDATS

Du 27e Régiment de Mobiles de l'Isère.

Souvenir de leur Lieutenant-Colonel.

PRÉFACE

La nation française a-t–elle été vaincue ?

Non.

L'armée française de 1870 était-elle aussi brave que ses aînées ?

Oui.

Rappelez-vous Reischoffen.

Pourquoi donc l'Allemand, ce barbare du Nord, ce serf obéissant aux coups de bâton, est-il entré en maître chez nous ?

C'est que, trahi par ceux auxquels le peuple français, oublieux de ses devoirs, s'était fié, il n'avait plus aucune des vertus qui font le citoyen;

C'est que nous nous étions aliéné les peuples frères qui, les yeux fixés sur la France, sentaient que nous marchions vers le Bas-Empire ;

C'est que les mots *Patriotisme*, *Liberté* ne faisaient plus vibrer nos âmes ;

C'est, enfin, qu'habitués à attendre tout d'un *sauveur*, nous n'avons pas reconnu celui qui n'a pas désespéré de la France.

Gambetta ! l'âme de la Défense nationle, a dit Faidherbe.

Oui Gambetta, l'homme qui ferait encore trembler les Guillaume, les Bismarck, les de Motlke, si un peuple libre, uni, voulait se sauver encore.

Après Sedan, après Metz... n'énumérons pas ; la France n'avait plus de soldats, l'Allemand foulait le sol sacré de notre belle et malheureuse Patrie en triomphateur ;

A la voix de quelques patriotes le peuple se leva et se fit soldat.

C'est une page de cette glorieuse armée de soldats-citoyens que nous écrivons.

Avons-nous eu tort d'entreprendre cette tâche ? Nous ne le pensons pas ; car nous pouvions vaincre si... nous avions relu l'histoire de notre Patrie.

Grenoble, 20 octobre 1871.

Le Lieutenant-Colonel,

A.-A. VIAL.

HISTORIQUE

DU

27e Régiment de Mobiles de l'Isère

GÉNÉRALITÉS

Un décret du 28 août 1870 créa dix-neuf nouveaux régiments provisoires d'infanterie de la garde nationale mobile.

Le chef de bataillon Gustin (Désiré-François-Augustin), chef du 1er bataillon de la garde nationale mobile de l'Isère, ancien commandant en retraite, fut nommé lieutenant-colonel commandant le dixième de ces régiments, qui prit le numéro vingt-sept.

Un ordre du général de brigade commandant la 1re subdivision de la 22e division militaire, prescrivit la constitution immédiate de ce régiment, lequel fut formé par les 1er, 2e et 3e bataillons de la garde nationale mobile de l'Isère.

L'effectif de chaque bataillon, composé des sept premières compagnies, était de 1,200 hommes au plus (soit 171 par compagnie, cadre compris).

Ce régiment devait avoir un médecin aide-major par bataillon, un lieutenant adjudant-major par bataillon, pris parmi les lieutenants de l'une des compagnies, à laquelle il continuait d'appartenir.

Un officier payeur et un officier de détail pour le régiment.

Ces deux officiers devaient être pris parmi les lieutenants ou sous-lieutenants du régiment et ne cessaient pas de compter à leur compagnie.

Un fonctionnaire vaguemestre et un fonctionnaire caporal-tambour pour le régiment.

Un conseil d'administration éventuel devait être constitué dans le régiment, mais il ne cessait pas d'être administré par le conseil d'administraion central siégeant à Grenoble.

Le régiment devait avoir un dépôt formé des huitièmes compagnies de chaque bataillon, laissées à Grenoble.

Le dépôt recevait les hommes en excédant de l'effectif déterminé ci-dessus.

Le lieutenant-colonel, dès la réception du présent ordre, s'empressa de prévenir les chefs de bataillons d'avoir à se conformer immédiatement aux prescriptions ci-dessus relatées.

M. Vial (Antoine-Alexandre), ex-capitaine de chasseurs d'Afrique, fut nommé par décret du 2 septembre 1870 (avis reçu le 3 du présent mois) chef de bataillon, en remplacement de M. Gustin promu lieutenant-colonel.

Le régiment fut constitué dès le 3 septembre.

Le 1er bataillon commandé par M. Vial, chef de bataillon.

Le 2me bataillon par M. Boutaud (Raoul), ex-lieutenant du 4e cuirassiers, démissionnaire.

Le 3me bataillon par M. Cadot (Louis), chef de bataillon, ancien commandant d'infanterie en retraite.

Le 1er bataillon était en station à Grenoble ;

deux compagnies (les 2e et 4e) détachées au fort Barraux.

Le 2e bataillon avait quatre compagnies en station à Bourgoin, les 1re, 2e, 3e et 8e compagnies, et quatre compagnies à la Tour-du-Pin, les 4e, 5e, 6e et 7e.

Le 3e bataillon avait trois compagnies en station à Grenoble, les 1re, 7e et 8e; cinq à Saint-Marcellin, les 2e, 3e, 4e, 5e et 6e.

Les hommes étaient armés de fusils à percussion, modèles 1822 et 1842 ; on procéda à les habiller et à les équiper en commençant par le 1er bataillon. Cette opération ne fut plus interrompue jusqu'aux jours des départs successifs des bataillons dudit régiment.

Disons, une fois pour toutes, que les effets distribués sont de qualités très-inférieures et laissent beaucoup à désirer.

Les cadres seuls reçoivent des tuniques et des pantalons provenant des magasins centraux de la guerre ; la troupe est habillée avec des vareuses, des pantalons, et des képis achetés dans le commerce.

On ne peut distribuer que de très-mauvaises cartouchières et des musettes-havre-sacs qui ne remplacent pas le véritable havre-sac.

Le magasin est dépourvu d'effets de linge et chaussures ; enfin, on ne peut même distribuer aux hommes des bretelles de fusil.

Ajoutons qu'on n'a jamais pu remédier complètement à ce fâcheux état de choses pendant toute la durée de la rude campagne de 1870-1871.

L'instruction, commencée vers le 25 août, continua sans interruption ; elle reçut, dès le jour de l'organisation du 27e régiment, une nouvelle impulsion.

Les hommes mirent la plus grande bonne volonté à profiter des leçons qui leur furent données par quelques anciens militaires incorporés dans les rangs du régiment.

Les jeunes officiers et les cadres travaillèrent avec succès à leur instruction personnelle. Leurs progrès furent d'autant plus sensibles que l'instruction qui leur était donnée s'adressait à des jeunes gens instruits, appartenant pour la plupart aux professions libérales et aux classes aisées de la population dauphinoise.

Vers le 12 septembre, les 2me et 3me bataillons permutèrent de garnisons, afin de dépayser les hommes.

Aucun grade n'a été donné à l'élection, le cadre de la mobile de l'Isère a été nommé par l'autorité militaire.

Le 13 septembre, le lieutenant-colonel commandant prévient le régiment que le 1er bataillon devait, d'après les ordres de l'autorité supérieure, partir pour Lyon le 16 du présent mois. Ordre fut donné au commandant du 1er bataillon de faire rentrer à Grenoble les 2e et 4e compagnies détachées au fort Barraux. Ce mouvement fut exécuté dans la journée du 14. Ces compagnies, dès leur arrivée, complétèrent leur habillement et leur équipement.

Le 15 septembre le 1er bataillon était, en raison des circonstances, assez convenablement habillé et équipé ; mais les divers registres nécessaires à toute bonne comptabilité manquent aux compagnies. Elles n'avaient même pas les contrôles annuels prescrits par les règlements, ni de registre matricule à feuillets mobiles, ni de livre de détail, etc.; si bien que les capitaines commandant les compagnies et leurs comptables n'étaient possesseurs que d'une simple liste nominative des hommes placés sous leurs ordres.

Les hommes n'avaient pas tous reçu leur livret; enfin, les anciens militaires arrivés dans la mobile n'étaient même pas immatriculés sur les contrôles du corps. Il en était de même pour les officiers qui reprenaient de l'activité.

Ces faits regrettables continueront, pour tous les bataillons, pendant tout le temps que le régiment restera sous les drapeaux.

Le même jour, 15 septembre, M. le général commandant la 1re subdivision de la 22e division militaire, passa la revue de départ au 1er bataillon, sur l'Esplanade, à la porte de France. Le général félicita les hommes sur leur bonne tenue.

A partir du 16 septembre 1870, la garde nationale mobile de l'Isère passa sous l'administration militaire, quant à la solde et aux accessoires qui s'y rattachent.

Un conseil éventuel du régiment devait être installé, en vertu d'un ordre en date du 14 septembre, communiqué au régiment par M. Méry de la Canorgue, sous-intendant militaire.

Ce conseil devait comprendre :

Un chef de bataillon, *président* ;

Un capitaine de compagnie,
Un capitaine-major,
Un lieutenant, officier payeur,
Un sous-lieutenant, officier de détail.

} *membres*

I.

Du 16 septembre au 26 octobre 1870.

Départ de Grenoble — Séjour au camp de Sathonay. — Départ pour Mâcon. — Le régiment à l'armée des Vosges, dans la Côte d'Or.

Le 16 septembre, le 1er bataillon du 27e régiment provisoire d'infanterie mobile de l'Isère, commandé par M. A.-A. Vial, chef de bataillon, fort de 22 officiers et de 1,196 hommes, partit de Grenoble, par les voies ferrées, à 10 heures du matin, pour se rendre à Lyon. Arrivé en gare à Vaise à 2 heures 30 minutes de l'après-midi, il reçut l'ordre de se rendre au camp de Sathonay. A 6 heures du soir, tout le bataillon était installé dans les baraques du camp. Un seul homme avait manqué au départ de Grenoble.

Les journaux lyonnais du 17 septembre rendent hommage à la bonne tenue du bataillon. En effet, en traversant la ville, pas un homme n'a quitté son rang, pas un cri n'a été proféré. Le commandant, par un ordre du jour, remercia les hommes de leur bonne conduite.

Dès le 17 au matin, les ordinaires ont fonctionné dans les diverses compagnies, et le tableau du travail reprit son cours régulier. Il y a eu quatre heures d'exercices par jour, deux heures de théories orales, et deux marches militaires par semaine, afin de pouvoir faire établir aux officiers et sous-officiers des rapports particuliers par lesquels ils devaient apprécier les distances parcourues, la configuration des terrains, les positions défensives et offensives à occuper, et celles à explorer pour pouvoir se maintenir en cas d'attaque de l'ennemi, ou de retraite. Enfin, il avait été prescrit à ces officiers et sous-officiers de donner des notions statistiques et topographiques des lieux parcourus, pour que le chef de corps pût connaître le degré d'instruction de chacun. Ils devaient également indiquer les ressources qu'offrait le pays, l'esprit qui paraissait être celui des habitants (1); en un mot, donner tous les renseignements que leur suggérerait ce qu'ils avaient vu et apprécié. Il leur était demandé également un levé de plan, et prescrit de se conformer à l'ordonnance du 3 mai 1832 sur le service des armées en campagne.

Le 22 septembre, le 2e bataillon, commandant Boutaud, partit de Saint-Marcellin et de Grenoble pour Lyon, à onze heures du matin. Les deux trains se réunirent à Moirans et arrivèrent à leur destination à cinq heures quarante-cinq minutes du soir.

A la gare de Vaise ce bataillon reçoit l'ordre de continuer sa route sur Mâcon, où il arriva à une heure du matin. Les hommes furent logés chez l'habitant.

Ce voyage s'effectua sans incident.

---

(1) Il est bien entendu qu'on devait se figurer être en présence de l'ennemi.

Le même jour, le 1er bataillon, campé à Sathonay, reçut l'ordre de partir pour Mâcon.

Le 23 septembre, le 1er bataillon partit du camp de Sathonay à cinq heures du matin, et de Vaise à sept heures ; il arriva à Mâcon à dix heures et demie du matin.

Les 1re, 2e, 3e compagnies et la 1re section de la 4e furent casernées dans des établissements publics.

Les hommes couchèrent sur la paille et reçurent des demi-couvertures de campement.

Le demi-bataillon de gauche fut logé chez l'habitant.

Toutes les compagnies de ce bataillon reprirent le fonctionnement des ordinaires dès le lendemain de leur arrivée à Mâcon.

Le 24 septembre, le lieutenant-colonel Gustin, commandant le régiment, et le 3e bataillon, commandant Cadot, partirent de Bourgoin et de la Tour-du-Pin à sept heures du matin, se dirigeant sur Mâcon où ils arrivèrent à cinq heures du soir.

Ce bataillon fut d'abord logé chez l'habitant ; plus tard il campa.

Le 25 septembre on forme un conseil éventuel d'administration avec les officiers dont les noms suivent :

MM. Cadot, chef de bataillon, *président* ;

De Courtenay, capitaine,
Peyron, capitaine-major,
Robert, lieutenant, officier payeur,
Goyt, sous-lieutenant, officier de détail,
} *membres.*

Ce conseil, dès lors, a fonctionné selon les règles de l'ordonnance du 10 mai 1844.

Du 25 septembre au 14 octobre inclus, le régiment séjourne à Mâcon. L'instruction des officiers et des hommes est poussée vigoureusement. On s'exerce surtout à l'école de tirailleurs, de flanqueurs, et on fait connaître aux hommes les principes du tir. Des théories spéciales sont faites pour leur apprendre le service des grand'gardes, des petits-postes, des rondes, des reconnaissances, etc.

Les mouvements d'ensemble, les plus simples, sont faits par compagnie, par bataillon et même par régiment pour s'habituer à se former en bataille et à se ployer en colonne avec quelque régularité. On s'attache particulièrement à faire connaître aux hommes les moyens de se reformer avec rapidité et régularité lorsqu'ils doivent se rallier à leur compagnie ou à leur bataillon, après avoir été dispersés en tirailleurs, ou de toute autre manière.

Les marches militaires reprirent leur cours.

Le 11 octobre le régiment a connaissance du décret du Gouvernement de la défense nationale concernant la création des cours martiales. On ordonne aux officiers et aux sous-officiers de prendre copie de ce décret, afin de le faire connaître à leurs troupes ; ils doivent la conserver.

Le même jour le régiment fut pourvu de tentes-abris et d'effets de campement. Le lendemain tout le régiment apprit à camper. En même temps, on fit connaître aux troupes les moyens de faire la soupe et de lever le camp avec célérité.

Le 15 octobre, le régiment quitta Mâcon par les voies ferrées pour être mis à la disposition du général Garibaldi. (Dépêche télégraphique du général commandant la 8e division militaire en date du 14 octobre, six heures un quart du soir).

Le 1er bataillon partit à six heures et demie du matin, arriva à Dijon à cinq heures du soir et reçut les destinations suivantes :

Le commandant, les 1re et 2e compagnies à Plombières ; les 3e, 4e et 5e à Marsonnay et Couchey ; la 6e à Ahuy et la 7e à Messigny. Ces divers détachements partirent aussitôt pour leurs différentes destinations, où ils arrivèrent dans la nuit.

Le 2e bataillon quitta Mâcon à sept heures du matin et arriva dans la soirée du même jour à Montbard (Côte-d'Or).

Le 3e bataillon quitta Mâcon le 16, à huit heures du matin, et s'installa dans la journée à Nuits-sous-Beaune. Le lieutenant-colonel alla à Dijon.

Les hommes des trois bataillons furent logés chez l'habitant et reprirent les exercices et instructions prescrits par le tableau du travail journalier, jusqu'au 21 octobre, époque à laquelle les détachements changèrent de positions.

Le 1er bataillon, en passant à Dijon, où ses divers détachements se concentrèrent, acheta des fils de fer pour servir d'épinglettes, dont le régiment était dépourvu.

Le 21 octobre, six cents hommes du demi-bataillon de droite, sous les ordres du commandant Vial, partent de Dijon pour se rendre à Mirebeau, en passant par Arc-sur-Tille. Partis à quatre heures et demie du soir, ils arrivèrent à neuf heures et demie à Mirebeau.

Le demi-bataillon de gauche, qui a quitté Dijon à la même heure sous les ordres du capitaine Brun, arrive à Til-Châtel à neuf heures du soir. Ces deux détachements, logés chez l'habitant, ne se procurent des vivres que très-difficilement.

Le 2e bataillon cantonné à Montbard et le 3e à Nuits, ayant reçu l'ordre de se rendre à Dijon, s'y trouvèrent réunis vers midi. Le 2e bataillon partit à deux heures pour aller à Pontailler. Le 3e quitta Dijon à la même heure pour se rendre à Fontaine-Française, où il arriva à minuit.

Les trois bataillons ont exécuté ces marches pénibles sans laisser de traînards ; les diverses colonnes s'éclairaient militairement par des avant-gardes, des flanqueurs et des arrière-gardes.

Chaque chef de bataillon, en arrivant sur les lieux qu'il doit occuper et surveiller, établit des grand'-gardes, des petits postes ; et dès la matinée du 22, des reconnaissances sont faites pour assurer la sécurité de son bataillon. Les uns et les autres apprirent, par des voies indirectes, que l'ennemi n'avait pas dépassé la hauteur de Gray, bien que quelques ulhans se fussent montrés en avant de cette ville et vers Saint-Seine-sur-Vingeanne, comme si leur intention était d'éclairer la route menant à Autrey.

Le 22 octobre, M. Lavalle, commandant l'armée de la Côte-d'Or, agissant comme délégué du général Cambriels, commandant l'armée des Vosges, ordonna au 1er bataillon de quitter Mirebeau et de se rendre à Renève, pour soutenir les troupes qui bivouaquaient en avant et autour d'Essertennes : il devait éclairer aussi loin que possible la route de Renève à Champagne-sur-Vingeanne. Cet ordre était en contradiction avec un premier ordre émanant du commandant du régiment qui prescrivait au commandant Vial de marcher sur Montmançon.

Le commandant du demi-bataillon de gauche, cantonné à Til-Châtel, reçut en même temps l'ordre de rejoindre son bataillon, sans perte de temps. Le 22 il devait être à Bèze ; le 23 à Marandeuil ; le 24 rejoindre le demi-bataillon de droite, établi à Renève depuis le 22.

Le 1er bataillon, en quittant Mirebeau, y laissa le 2e bataillon de la mobile de l'Yonne et deux autres bataillons de francs-tireurs de la Côte-d'Or qui reçurent une autre destination.

Le 2e bataillon du régiment quitta Pontailler le 23 à sept heures du matin pour aller camper dans les bois d'Essertennes, entre le village de ce nom et la Saône. Sa mission consistait à surveiller la route de Mantoche, le chemin de fer de Dijon à Gray et les bords de la Saône, quelques coureurs ennemis s'étant montrés du côté du pont d'Apremont. Divers corps de francs-tireurs se trouvaient en avant ou sur les côtés des positions qu'il occupait.

Le 3e bataillon partant de Fontaine-Française, vers une heure de l'après-midi, se rendit à Bèze où il coucha.

Le 1er bataillon séjourna à Renève le 23 ; et le 24, la 3e compagnie fut campée dans les bois de Champagne-sur-Vingeanne de manière à surveiller la route de Champagne et d'Autrey. Des éclaireurs furent envoyés au loin sur cette même route et sur celle de Champagne à Beaumont. Ces éclaireurs s'étant abouchés avec M. Barbasse, capitaine des francs-tireurs de la Haute-Marne, bivouaqués aux environs de Poyant, apprirent au commandant Vial que quatre à cinq mille Prussiens étaient logés dans la gare de Gray et dans les casernes, et que l'ennemi avait des postes sur la route en avant d'Autrey, à très-peu de distance de Nantilly. Le commandant du 1er bataillon de l'Isère apprit encore qu'un bataillon de la garde nationale mobilisée de la Côte-d'Or coupait en ce moment la route de Gray à Autrey, entre Nantilly et Gray.

Le commandant de l'armée de la Côte-d'Or recommandait au chef de bataillon Vial de se tenir continuellement en communication avec les troupes bivouaquées à Essertennes et à Talmay ; cette recommandation ne put être exécutée à cause des distances et de l'absence de cavalerie.

Ce commandant dut se contenter de mettre une compagnie de grand'garde près des bois qui séparent Renève d'Essertennes, pour appuyer les troupes de ce village ou celles de Talmay, en cas de besoin. Du reste, les ordres étaient fort mal donnés et presque incompréhensibles ; les commandants des troupes ne savaient guère à qui obéir et sur qui s'appuyer.

Le commandant Vial reçut le 23, à midi un quart, par l'intermédiaire d'un sieur Thénard, un ordre écrit au crayon, signé du chef de gare de Talmay, qui lui ordonnait de se transporter à Heuilley, à dix kilomètres en dessous de Talmay. Cet officier supérieur ne voulant pas compromettre sa troupe sur un ordre semblable, prescrivit au porteur qui n'était autre que M. le baron Thénard, membre de l'Institut, de se rendre auprès de M. Lavalle pour savoir si cet ordre émanait véritablement de lui. L'idée fut heureuse, car le commandant de la Côte-d'Or ordonna de ne pas changer de position, et de considérer l'ordre comme non advenu. (Deux jours après, on répandait le bruit de l'arrestation du chef de gare de Talmay).

Le 24 octobre, il n'y eut aucun changement dans les positions des 1er et 2e bataillons, si ce n'est que des reconnaissances furent poussées au loin, les petits postes parfaitement reliés avec leurs bataillons respectifs.

Le 2e resta dans le même *statu quo* la journée du 25 et jusqu'au 26 de l'après-midi, où nous le retrouverons.

Le 22 au soir, le 3e bataillon reçut un ordre de M. le colonel de gendarmerie Fauconnet, lui prescrivant de quitter Bèze pour se rendre à Montmançon. Le bataillon partit de cette première localité le 23 à six du matin et arriva à destination vers midi. Le commandant Cadot pensait y rencontrer l'état-major et les troupes aux ordres du colonel Lavalle (c'est le titre qu'il prenait) ; mais il apprit que le quartier général était à Pontailler. Comme il n'y avait pas de vivres à Montmançon, cet officier supérieur se décida à continuer sa route jusqu'à Pontailler, où il arriva à trois heures et demie de l'après-midi. Ordre fut donné au bataillon d'aller camper en avant de Pontailler, près la gare ; mais la pluie torrentielle qui n'avait cessé de tomber dépuis trois ou quatre jours sur les troupes toujours en mouvement, fit changer cet ordre, et le bataillon fut logé à Pontailler chez l'habitant.

Nous avons expliqué les positions que les 1er et 2e bataillons conservèrent le 24 octobre ; ce dit jour, dès les neuf heures du matin, le 3e bataillon quittait Pontailler pour aller prendre position dans les bois de Maxilly, malgré la pluie qui continuait.

Le 25 au matin, dès la première heure, le commandant Vial recevait une dépêche de M. Lavalle lui ordonnant d'aller établir son bataillon dans les bois d'Essertennes, en arrière de ce village, au point où la route avait été coupée et barricadée au moyen d'arbres abattus. Le bataillon s'y installa à la nuit tombante, bivouaquant sans feu ni tentes par une pluie diluvienne. Le but que se proposait le colonel commandant l'armée de la Côte-d'Or, était de faire appuyer par ce bataillon le 2e du même régiment qui était en position, ainsi que nous le savons, sur les bords de la Saône et en avant d'Essertennes. Il devait encore se mettre en relation avec le 3e bataillon et M. le lieutenant-colonel Gustin, qui avait rejoint le gros des troupes stationnant à Talmay et dans les environs.

Le commandant du 1er bataillon s'occupa immédiatement d'exécuter ces prescriptions; à cet effet, il fit personnellement une reconnaissance en avant d'Essertennes, emmenant avec lui une compagnie. Arrivé à deux kilomètres au-delà de ce village, il put s'assurer que les bois qui longent la ligne du chemin de fer étaient occupés par les francs-tireurs de la Côte-d'Or (capitaines Lesprit et Cornet), et par ceux de la Haute-Garonne.

Le 2e bataillon de l'Isère appuyait les francs-tireurs, de sorte que le 1er bataillon du 27e formait une troisième ligne : les unes et les autres étaient bien postées pour défendre la route de Gray, le chemin de fer qui y conduit et la rive droite de la Saône.

Le commandant du 1er bataillon après s'être abouché avec le chef de bataillon Boutaud, pour que l'un et l'autre connussent les positions qu'ils occupaient et les moyens de se prêter un mutuel secours, établit de suite des sentinelles volantes ayant pour consigne de relier les grand'gardes du 1er bataillon à celles du 2e.

Une reconnaissance envoyée à Talmay apprit également que le 3e bataillon venait de quitter les bois de Maxilly pour s'avancer jusqu'à Talmay et se joindre à une partie des troupes placées sous les ordres de M. Lavalle.

Le 3e bataillon était campé dans les fermes appartenant au baron Thénard.

A Talmay, le lieutenant-colonel Gustin prit le commandement des troupes qui y étaient rassemblées (mobiles de l'Yonne, mobilisés de la Côte-d'Or, francs-tireurs, etc.).

Ainsi, à la date du 25 au soir, les troupes, quoique dépourvues d'artillerie et de cavalerie, étaient établies d'une manière assez convenable pour défendre le passage de la Saône sur les ponts d'Apremont, de Pontailler et même celui de Lamarche, quelques troupes ayant été envoyées dans cette direction par M. Lavalle. L'ennemi se trouvait également dans l'impossibilité de s'emparer du parcours du chemin de fer à quelque distance en avant d'Essertennes dans la direction de Mantoche ; il était coupé.

Aussi aurait-il été sage de faire conserver aux troupes ces positions, si l'on considère qu'abritées sous bois, elles pouvaient offrir à l'ennemi quelque résistance, malgré la défectuosité de leur armement et leur peu de solidité. C'est le moment de faire remarquer que nos troupes étaient fort ébranlées avant même d'avoir été aux prises avec l'ennemi, par suite de récits mensongers qui leur donnaient à penser que l'Allemand ne traitait pas les mobiles, les mobilisés et les francs-tireurs comme des troupes régulièrement levées par le gouvernement pour la défense du pays. On prétendait même que tout homme de ces corps tombant en son pouvoir, non pourvu du livret du soldat, était fusillé immédiatement. Ces faits exagérés, sans doute, reçurent cependant une déplorable confirmation : On apprit plus tard, c'est-à-dire après le combat du 27 octobre, que le commandant des francs-tireurs de la Haute-Garonne, qui, blessé, n'avait pu suivre, avait été pendu par l'ennemi. Nous aimons à croire, à cette heure encore, que si ce fait était connu du général Werder, il s'empresserait de le désavouer, si nos dires n'avaient pas la véracité que nous leur croyons.

D'autre part, les hommes s'étaient aperçu qu'en raison de la mauvaise qualité de leurs cartouchières, sur quarante-huit cartouches en leur possession, les deux tiers avaient été détériorées par la pluie.

Il est bon d'arrêter un moment son esprit sur les faits ci-dessus relatés afin de faire comprendre que si ces jeunes troupes n'ont pas résisté, deux jours après, aux attaques d'un ennemi aguerri, c'est qu'elles se trouvaient dans une position qui ne leur permettait pas de montrer le courage qu'elles ont déployé plus tard en des circonstances plus favorables.

A leur louange, il faut ajouter que ni les fatigues, ni les privations de toute espèce, ni l'intempérie de la saison n'avaient élevé chez elles de murmures.

Le 26 octobre, le 1er bataillon de l'Isère était sur ses positions, lorsque vers quatre heures du soir un bataillon de la Côte-d'Or (capitaine Bertrand) passa entre ses lignes, malgré les efforts de son chef pour lui faire conserver le poste qu'il devait occuper en avant d'Essertennes. C'était une véritable fuite occasionnée par la présence de quelques Prussiens qui venaient de quitter Pesmes après avoir eu un court engagement avec des gardes nationaux ; et aussi, peut-être, parce que ce bataillon crut que le pont d'Apremont, qui venait d'être incendié par ordre de l'autorité militaire, annonçait l'arrivée immédiate de l'ennemi.

Le commandant Vial engagea le capitaine Bertrand à faire bivouaquer sa troupe en arrière du 1er bataillon de l'Isère. Il y consentit, mais ses hommes refusèrent et prirent la route de Talmay, à la débandade.

Ce mauvais exemple venait à peine de cesser, lorsque vers les sept heures du soir M. Lavalle ordonna au 1er bataillon de quitter les bois d'Essertennes pour se rendre à Ferme-Collonge, à l'extrémité des bois, au-dessus de Renêve-le-Château, et à quatre kilomètres de Champagne-sur-Vingeanne. Ce mouvement parut extraordinaire au commandant Vial. En effet, l'ennemi étant signalé en avant d'Essertennes, la position qu'on lui faisait prendre paraissait fort aventurée. Cependant il dut obéir, et il arriva à onze heures et demie du soir à son nouveau poste. La ferme de Collonge était située au milieu des bois, de façon que le 1er bataillon pouvait se trouver compromis en tête, en queue, comme sur ses flancs, puisqu'il n'était plus lié avec aucune troupe. Afin d'éviter toute surprise, le commandant établit quatre compagnies de grand'gardes dans les bois entourant Ferme-Collonge; les trois autres compagnies prirent position dans les immenses cours de cette ferme.

M. Virard, sous-lieutenant, et dix hommes, marchant sous bois, se rendirent à Broye-les-Loups afin d'éclairer la position. Cet officier avait ordre de s'aboucher avec le maire de cette localité pour avoir des renseignements sur l'ennemi, et ordonner de couper des arbres en quantité suffisante pour intercepter complètement les chemins de Poyant à Collonge, de Poyant à Champagne et de Poyant à Broye-les-Loups, d'Autrey à Broye-les-Loups et de Champagne à

Broye-les-Loups. Tous ces travaux devaient être achevés dans la nuit.

M. Virard apprit que deux cents Prussiens étaient à Poyant, avant-garde d'une colonne de quatre à cinq mille hommes.

Une reconnaissance semblable sous les ordres de M. le sous-lieutenant Piollet fut faite sur Champagne-sur-Vingeanne ; de ce côté rien de nouveau ne fut signalé, et le bataillon, ainsi gardé, passa le reste de la nuit dans de très-bonnes conditions, en ce sens que les hommes trouvèrent dans l'immense ferme où ils étaient logés des vivres dont ils étaient privés depuis plus de vingt-quatre heures. On dormit environné d'un danger d'autant plus à redouter qu'il était inconnu.

Le 2e bataillon, commandant Boutaud, fut visité le 26 par M. Lavalle, arrivant de Pontailler sur une locomotive. Ce bataillon avait conservé ses anciennes positions, c'est-à-dire surveillait la route de Mantoche et le chemin de fer par où l'ennemi pouvait arriver, sans oublier de s'assurer s'il ne cherchait pas à établir un passage sur la Saône vers le point formant son objectif, bien qu'il ne fût pas présumable que l'ennemi cherchât à traverser cette rivière au courant très–rapide et profonde de trois mètres.

M. Lavalle, malgré ce que put lui dire le commandant Boutaud, déplaça trois compagnies de son bataillon pour les envoyer sur les bords de la Saône, les destinant à en défendre le passage, lorsque, ainsi qu'on le verra, elles eussent pu être plus favorablement employées pour défendre l'espèce de défilé, à travers le bois, par où passe la route qui mène à Mantoche.

Le 3e bataillon et les troupes aux ordres du lieutenant-colonel Gustin restèrent dans les positions qu'elles occupaient la veille, le lieutenant-colonel très–inquiet de ce qu'était devenu son 1er bataillon, qui n'avait pu communiquer avec lui depuis son mouvement sur Ferme–Collonge. A la tombée de la nuit, il reçut l'ordre de se porter sur Essertennes ; mais le temps était si mauvais, la nuit si noire, les troupes du 1er bataillon de la Côte-d'Or, arrivant à la débandade, obstruaient à tel point l'unique route à suivre, qu'il retarda son départ jusqu'au lendemain matin. C'était prudent, une espèce d'alerte s'était même produite, en avant de ses positions, par quelques maraudeurs ou plutôt par des espions qui avaient cherché à pénétrer dans ses lignes. Tout mouvement en avant en pareille circonstance eût été inconsidéré; il se contenta de redoubler de précautions afin d'éviter toute surprise.

II

Du 27 octobre au 4 décembre 1870

Retraite de Ferme-Colonge. — Combat d'Essertennes. — Retraite sur Lyon. — Séjour au camp de Sathonay, de Montchat, de Notre-Dame d'Oé. — Arrivée à l'armée de la Loire.

Le commandant Vial, à huit heures du matin, dans la journée du 27, reçut du lieutenant-colonel Gustin l'ordre de se replier, sans perdre une minute, sur le bois de Mirebeau; une attaque étant à craindre dans la matinée, et le bataillon, dans son isolement, ne pouvant la soutenir avec quelque avantage.

Le 1er bataillon, se ralliant avec célérité, prit la direction de Renève couvert par une forte arrière-garde composée de deux compagnies (5e et 6e, capitaines Brun et Garnier) qui, s'échelonnant et prenant successivement des positions défensives, assurèrent la retraite : à l'œil nu on distinguait le gros de l'ennemi marchant hâtivement sur Ferme-Collonge, précédé de cavaliers surveillant nos mouvements.

Deux heures après, le bataillon, battant en retraite lentement et militairement, arrivait à Renève, d'où il repartait aussitôt pour atteindre les bois qui bordent la route menant à Mirebeau.

Les bagages du 1er bataillon avaient été laissés à Renève, faute de moyens de transport et à cause de l'obstruction des routes, lorsqu'on s'était porté à Essertennes.

Afin de les faire échapper à l'ennemi, on les confia aux soins de M. le sous-lieutenant Craponne du Villard, qui fut chargé de les conduire à Dijon en prenant une route autre que celle suivie par le bataillon, car cette route n'était praticable que pour des hommes à pied. Ces bagages auraient dû partir dès six heures du matin ; mais le trouble qui s'était emparé de M. Bassot, maire de Renève, et de toute la population de ce village, empêcha M. le sous-lieutenant Craponne du Villard de remplir, à la lettre, les ordres qui lui avaient été donnés quant à ce.

Il n'arriva à Dijon que le 28 octobre au soir, et il lui fut impossible de faire partir les bagages sur la nouvelle ligne de retraite ; il l'ignorait : la retraite sur Lyon n'ayant pas encore été ordonnée.

Le 1er bataillon de l'Isère entrait dans les bois de Mirebeau lorsqu'on rencontra le colonel Bombonel à la tête de ses éclaireurs. Le commandant Vial s'étant entendu avec cet officier supérieur, il fut convenu que l'on prendrait pour objectif la défense d'une immense tranchée faite au milieu de cette forêt et qui coupait la route de Renève à Mirebeau. En arrière de cette tranchée, la route était encombrée également par de nombreux abattis.

Ces positions étaient à peine prises que des éclaireurs du colonel Bombonel prévinrent le commandant Vial que deux de ses compagnies, à l'extrême arrière-garde, étaient engagées avec l'ennemi dans la direction de Cheuze. Le bataillon fit aussitôt demi-tour, et fut ramené en vue de Renève, marche très-pénible exécutée sous une pluie battante et dans des terres labourées; lorsqu'on y arriva, la fusillade avait cessé complètement.

On apprit plus tard qu'il y avait eu un court engagement entre l'ennemi et le 1er bataillon des mobilisés de la Côte-d'Or, et que le capitaine Bertrand s'était fait tuer bravement en voulant défendre avec une seule compagnie le point qu'il occupait, lorsque le reste de son bataillon s'enfuyait à la débandade dans la direction de Saint-Sauveur. Ces renseignements furent donnés au commandant Vial par le sous-lieutenant Durens de ce bataillon, qui lui apprit également que le capitaine Bertrand avait pour mission de lier le 1er bataillon de l'Isère avec les troupes échelonnées de Jancigny à Talmay.

Quant aux deux compagnies du 1er bataillon soi-disant engagées vigoureusement, elles n'avaient eu à supporter, vers la lisière du bois regardant Cheuze, qu'une fusillade insignifiante; cinq hommes de ces compagnies ne rejoignirent pas le bataillon : on les dit blessés. Cet incident doit être attribué à la circonstance que ces compagnies s'étaient égarées en prenant une direction trop à gauche, si l'on considère celle suivie par le gros du bataillon.

Dès que le commandant les eut ralliées, il reportait son bataillon en arrière de la tranchée et des abattis dont il a été parlé ci-dessus, lorsqu'il eut avis que l'ennemi était à Renève et venait d'ordonner aux habitants d'avoir à déblayer la route menant à Mirebeau ; ceci, dans l'espace d'une heure.

Au même instant, c'est-à-dire vers deux heures et demie, le commandant du 1er bataillon apprenait également qu'un bataillon des mobilisés de la Côte-d'Or qui devait coopérer avec lui sur son flanc gauche, pour couvrir la route de Bèze et de Noiron, avait décampé dès la première heure de la matinée : le flanc gauche du 1er bataillon de l'Isère se trouvait donc aussi découvert, quand l'ennemi était signalé sur trois routes différentes.

Le commandant Vial résolut alors de se rabattre sur Mirebeau. Ce mouvement était commandé par les circonstances, car les quelques éclaireurs de M. Bombonel et un unique bataillon ne pouvaient résister aux troupes qui s'avançaient vers eux.

Arrivé à quatre heures du soir à Mirebeau, le commandant fit former les faisceaux et chercha à obtenir des renseignements précis sur la marche de l'ennemi, sa proximité, et à faire manger ses hommes qui, on ne peut trop le répéter, n'avaient pas reçu une ration complète depuis le 25. Il fut assez heureux pour obtenir un quart de ration de pain par homme, et il prenait ses dispositions pour se garder en avant de Mirebeau, afin de pouvoir y passer la nuit, lorsque l'aide-major Cadot et le sergent Caillat, du 3e bataillon, se présentèrent à lui.

Par eux il apprit que les 2e et 3e bataillons de l'Isère avaient combattu dans la matinée de ce jour à Essertennes ; que, faits prisonniers par l'ennemi, ils avaient été relâchés après quelques heures de détention. Ils ne purent donner aucun renseignement sur ce fait de guerre et sur les directions prises par les bataillons engagés.

Le commandant Vial regretta alors profondément de s'être trouvé, la veille, dans l'obligation de quitter ses positions sous Essertennes, sur l'ordre de M. Lavalle. Là il aurait pu combattre avantageusement et soutenir ses frères d'armes, tandis que sa pointe sur Ferme-Collonge n'avait servi qu'à fatiguer ses hommes et à compromettre son bataillon, qui aurait pu être fait prisonnier si la retraite avait eu lieu quelques instants plus tard et avec désordre.

Le maire de Mirebeau n'ayant pu décider aucun habitant de sa localité à se porter en avant pour reconnaître l'ennemi ; et la nuit tombant, le commandant se décida à quitter Mirebeau, où il était seul, pour se rendre à Arc-sur-Tille. Il y arriva à dix heures du soir.

Arc-sur-Tille est un point de convergence des routes de Pontailler, de Mirebeau et d'Arcelot sur Dijon ; de sorte qu'en cas de retraite des deux autres bataillons du régiment sur ce point, il était en mesure de les appuyer. Ce raisonnement avait d'autant plus de justesse que les troupes campées à Essertennes avaient reçu pour points de retraite la direction de Mirebeau pour le 1er bataillon, et celle de Montmançon pour les autres troupes placées vers Talmay.

Le 1er bataillon logea chez les habitants d'Arc-sur-Tille, mais il ne put recevoir des vivres, vu l'heure avancée de son arrivée.

Le commandant Boutaud, du 2e bataillon, apprenait le 27 au matin par ses reconnaissances et sur les dires des paysans, qui fuyaient, que l'ennemi arrivait par la route de Mantoche. Il fit aussitôt prévenir M. Lavalle de ce fait, et demanda par une note l'autorisation de changer ses positions et de rappeler à lui les trois compagnies qui avaient été placées sur le bord de la Saône. — Il n'a jamais su si sa note est arrivée à destination. — Un moment après il était vigoureusement attaqué, et une compagnie commandée par le lieutenant Thermoz engageait bravement le feu, soutenue par d'autres hommes du bataillon qui résistèrent tant qu'ils le purent, encouragés par le commandant du bataillon, qui montra dans cette circonstance un grand sang-froid : il évita ainsi une panique qu'une attaque aussi imprévue aurait dû produire. Pendant cette fusillade, les tentes furent levées et le bataillon, en colonne, traversa Essertennes afin de prendre position à gauche de ce village, et pour abriter ses hommes sous bois, où l'on pouvait essayer de résister.

Ceci se passait vers huit heures du matin : le bataillon avait eu dix-sept hommes hors de combat.

Arrivé vers la tranchée où était bivouaqué le 1er bataillon le 26, le 2e fut couvert par un feu engagé entre l'ennemi et le 3e bataillon commandé vigoureusement par M. Cadot, vieil officier d'Afrique, dont l'attitude inspira à ses hommes une grande confiance, chose assez difficile à obtenir en pareille circonstance.

L'engagement du 3e bataillon assurant la retraite, le 2e commença la sienne, doucement et à travers les bois, dès que M. Boutaud vit celle du 3e se prononcer.

Le 2e bataillon traversa Talmay que l'ennemi occupa un moment après. Il alla se reformer en arrière du village et en avant des bois de Maxilly, sans avoir pu réunir les trois compagnies qui étaient échelonnées le long de la Saône. Elles furent cependant assez heureuses pour pouvoir se joindre au 3e bataillon.

Si M. Lavalle eût été un homme du métier, cette dispersion regrettable qui pouvait permettre à l'ennemi d'enlever ces trois compagnies n'aurait pu se produire, et le commandant Boutaud se serait trouvé dans une position plus avantageuse pour se défendre. Il eût été pareillement moins inquiet sur leur sort, qu'il a ignoré plusieurs jours.

Un bataillon de l'Yonne placé sous les ordres du lieutenant-colonel Bouquet, de l'état-major, s'étant joint au 2e bataillon, ordre fut donné à ces troupes, vers le soir, de s'emparer de Talmay. L'ennemi l'abandonna après quelques coups de fusil.

Le 2e bataillon alla ensuite coucher à Drambon, sur la ligne de retraite qui lui avait été prescrite. Il y arriva à neuf heures du soir; ses hommes harassés de fatigue, trempés par une pluie battante, n'avaient pris aucune nourriture depuis la veille. Ce fut également le partage du 3e bataillon et de toutes les troupes commandées par M. Lavalle, malgré l'ordre qu'on va lire. Le lieutenant-colonel Vial l'a en sa possession :

DÉPARTEMENT
de la
COTE-D'OR.

—

COMITÉ NATIONAL
DE DÉFENSE
DE LA COTE-D'OR.

—

Les maires de toutes les communes occupées par les forces nationales de la République, sont tenus de mettre à la disposition de tout chef de corps, le pain, vin, légumes, café et viande dont ces corps peuvent avoir besoin.

En cas de difficultés, le chef de corps est autorisé à faire abattre les bestiaux dont il a besoin et à prendre de force les vivres et fourrages nécessaires.

Quartier général de Montmançon, samedi, 2 heures, 22 octobre 1870.

Le commandant de l'armée de la Côte-d'Or,
délégué du général Cambriels.

Signé : LAVALLE.

Nous avons laissé le 3e bataillon aux prises avec l'ennemi ; voici ce qu'il fit dans la journée du 27.

Le commandant Cadot quitta ses positions de la veille, à sept heures du matin, pour se porter sur Essertennes en suivant la voie ferrée.

Arrivé près de ce village, un officier de francs-tireurs le prévient que l'ennemi arrivait avec de l'artillerie par la voie du chemin de fer et qu'il était utile de se jeter à gauche, afin de pouvoir se défendre avec quelque avantage dans les bois qui longent la route d'Essertennes à Talmay. Ce mouvement s'exécuta avec ensemble, et les hommes furent embusqués à droite de la route. De sa personne le commandant Cadot, accompagné d'une compagnie, se porta en avant pour faire une reconnaissance. Après avoir reconnu que l'ennemi arrivait par le chemin de fer et la route conduisant à Talmay, le commandant du 3e bataillon s'aboucha avec celui du 2e, et tous deux convinrent d'opérer la retraite, que devait soutenir le 3e bataillon. C'était du reste conforme à un ordre de M. Lavalle prescrivant de ne pas engager les troupes contre de l'artillerie.

Le commandant Cadot était à peine rentré à son bataillon que l'ennemi débouchait déployé en tirailleurs.

Une fusillade s'engagea aussitôt, soutenue pendant une demi-heure par la 3e compagnie, capitaine Frachon, dont la première section était déployée en tirailleurs dans les bois, sur le côté droit de la route de Talmay à Essertennes ; la deuxième, sous les ordres du lieutenant Kléber, devait servir de soutien ; mais elle prit également part à la lutte, ainsi qu'une fraction de la 4e compagnie, capitaine Baronnat. Du reste, il était difficile dans les formations ordonnées de placer convenablement soit les tiralleurs, soit la troupe de soutien, le feu s'étant engagé inopinément, dans des conditions très-défavorables ; cependant nos mobiles résistèrent jusqu'au moment où la retraite fut ordonnée. Les francs-tireurs de la Côte-d'Or, embusqués de l'autre côté de la route, tenaient aussi l'ennemi en respect par une fusillade bien soutenue et surtout bien dirigée. Le commandant ordonna alors la retraite, qui s'opéra sous bois, sans grand désordre si l'on considère que les troupes ne pouvaient être sous la main de leurs chefs directs, les uns et les autres cherchaient à se frayer un passage dans des bois presque impraticables et dans des terrains détrempés.

Le 3e bataillon eut dans cette affaire dix hommes hors de combat. M. le lieutenant Kléber fut blessé grièvement ; le sous-lieutenant de Serezin reçut une balle au petit doigt.

Dès que le bataillon fut sorti des bois, comme il s'approchait de la ferme du baron Thénard, le commandant s'étant aperçu que l'ennemi cherchait à couper sa retraite sur Talmay, fit déployer la 5e en tirailleurs; les compagnies se reformèrent et le bataillon alla prendre position dans les bois de Maxilly, où le rejoignit le lieutenant-colonel Gustin, et où il passa la journée. On quitta cette position à neuf heures du soir, pour se rendre à Pontailler. On y arriva une heure et demie après et l'on y coucha.

Il nous reste à expliquer ce que fit le régiment lorsqu'il se trouva, par suite de ces malheureuses circonstances, dans l'obligation de battre en retraite jusqu'à Lyon. Nous nous étendrons le moins possible sur ce qu'il advint alors, toutefois sans passer sous silence des faits qui ont besoins d'être connus.

Le commandant Vial, en arrivant dans la soirée du 27 octobre à Arc-sur-Tille, y trouva environ deux mille cinq cents hommes appartenant à la mobile des Basses-Pyrénées et de la Lozère; la 7e compagnie des mobilisés de la Côte-d'Or, qui avait escorté un convoi de vivres de Dijon à Arc-sur-Tille, et les francs-tireurs de Dijon commandés par le capitaine Godillot. Dès la première heure de la journée du 28, le commandant Vial rechercha les divers chefs de corps des troupes dont nous venons de parler, afin de s'entendre pour organiser la défense. Il fut convenu entr'eux que le commandant de la Lozère, le plus ancien de grade, prendrait le commandement ; le commandant Vial fut chargé de placer les troupes aux points qu'il jugeait le plus utile d'occuper pour arriver au but que l'on se proposait : se garder de toute surprise.

Deux compagnies du 1er bataillon (5e et 7e),

sous les ordres du capitaine Brun, furent placées de grand'garde à la ferme de Tavanne, ayant deux forts avant-postes à 2 kilomètres en avant, sur la route de Pontailler, pour l'éclairer. En effet, il était présumable que les troupes qui avaient campé la veille à Pontailler se replieraient dans la direction d'Arc-sur-Tille. Enfin, ces troupes avaient aussi pour objectif d'arrêter l'ennemi si, contrairement aux prévisions, il prenait cette route.

Cinq cents hommes de la Lozère furent envoyés à la ferme de Corbeton, dite des Carmes, à trois kilomètres en avant, sur la route de Mirebeau : c'était un point important et facile à défendre à cause du défilé qui surplombe la route, laquelle est entourée de bois.

Deux compagnies des Basses-Pyrénées furent également placées en avant-garde à un kilomètre et demi en avant d'Arc-sur-Tille, sur la route conduisant à Arcelot.

Ces trois grands postes assurant nos derrières contre toute surprise de l'ennemi, on s'occupa de donner quelques vivres aux hommes et des munitions.

Les vivres amenés de Dijon étant insuffisants, le maire fut requis de nous en faire distribuer. Il s'exécuta de très-mauvaise grâce et, pour ainsi dire, contraint par la force, bien que son village eût à sa disposition des denrées de toute nature, comme nous pûmes nous en assurer lorsqu'il voulut bien faire appel à ses administrés. C'est un fait déplorable à signaler, mais il faut le dire à la honte des habitants de cette contrée, sauf ceux du village de Renève, on ne nous donnait des vivres qu'après avoir employé tous les moyens en notre pouvoir pour en obtenir, lors même que nos réquisitions étaient toujours accompagnées de bons réguliers.

Dans cette journée du 28, le préfet de la Côte-d'Or vint nous visiter et nous assura que de nombreuses troupes de soutien allaient se joindre à nous; puis il nous quitta. On ne le revit plus, et les renforts annoncés ne vinrent pas non plus.

Vers cinq heures du soir, les renseignements

qui nous étaient parvenus nous annonçant l'approche de l'ennemi, le commandant de la Lozère ordonna le départ. Le 1er bataillon de l'Isère devait couvrir la retraite.

Le commandant Vial, résolu à ne laisser ni hommes, ni bagages en arrière, ne quitta Arc-sur-Tille qu'une heure après le départ des troupes qui le précédaient et qui se dirigeaient sur Dijon. Il y arriva le 29, à une heure du matin.

Pendant que son bataillon se formait sur le cours Fleury, personne n'étant là pour lui indiquer où il devait camper, le commandant se rendit au Comité de défense qui siégeait à l'Hôtel-de-Ville, afin de recevoir des ordres. En y arrivant, il fut fort surpris de rencontrer dans la cour, les corridors et les appartements de cet hôtel, un grand nombre de gardes nationaux qui, avec un empressement peu patriotique, déposaient leurs armes.

Arrivé dans la salle des séances du Comité de défense, le commandant Vial n'y rencontra que quelques-uns de ses membres, qui lui déclarèrent que, dans la soirée du 28, il avait été résolu que

Dijon ne se défendrait pas ; qu'il ne lui restait plus qu'à évacuer la place (1).

M. Vial demanda un ordre de retraite par écrit qui lui fut refusé. Justement indigné de ce qu'il voyait, il se retira ; et, rencontrant dans les rues des troupes de tous corps se dirigeant dans la direction de la route de Beaune, il rallia ses hommes et quitta Dijon vers trois heures du matin. Les bagages de son bataillon ne purent partir, les conducteurs des voitures réquisitionnées s'étant enfuis dès qu'ils avaient appris l'évacuation de la ville. Il fallut se résoudre à les abandonner.

Arrivé à Gevrey à cinq heures du matin, le commandant se décida à donner quelque repos à son bataillon, repos nécessaire après une nuit si troublée. Les hommes étaient à peine installés

---

(1) Cette résolution est d'autant plus incompréhensible que le 30, grâce à l'énergique général Fauconnet, qui s'y fit tuer, Dijon essaya de résister. Pourquoi donc avait-on fait évacuer cette ville par les 12 ou 15,000 hommes qui y étaient le 28 ? On rencontre toujours dans cette guerre des faits dénonçant plus que de l'incurie : de la couardise chez les chefs, si ce n'est de la trahison. L'esprit renonce à approfondir ces ténébreux mystères.

dans les maisons de ce petit bourg, pour manger et dormir, que l'on eut sous les yeux le spectacle le plus attristant : la route était littéralement couverte d'hommes de tous corps, ivres, marchant sans ordre, n'écoutant plus leurs chefs, et déchargeant leurs armes dans toutes les directions.

Ce désordre inouï, remarqué principalement chez les troupes régulières, entr'autres les 71e et 90e de ligne, devait continuer jusqu'à notre arrivée à Beaune.

Dès que ces fuyards eurent dépassé Gevrey, le commandant rassembla son bataillon, et il eut la joie de constater que ses hommes ne s'étaient pas laissé entraîner par le mauvais exemple qui venait de se dérouler devant leurs yeux.

On se mit en route, les compagnies du 1er bataillon marchant en ordre sous la direction de leurs officiers, qui aidaient leur commandant à faire rentrer dans les rangs les hommes débandés de tous corps qui obstruaient la route.

Ce fut une rude marche pour tous, surtout pour les officiers, car le commandant se trouva dans l'obligation de ne pas quitter son revolver du poing pour obtenir, sinon un ordre véritable, du moins un semblant d'organisation militaire, et aussi de l'obéissance chez ces forcenés, qui marchaient tantôt sur le flanc de la colonne, tantôt en traversant l'échelonnement des troupes; enfin, tirant des coups de fusil, proférant des menaces, tenant les propos les plus grossiers, et donnant l'exemple d'une indiscipline inqualifiable.

En arrivant à Beaune, on apprit que la retraite se continuerait jusqu'à Lyon, en se servant du chemin de fer que M. Lavalle venait de requérir. Mais l'encombrement de la gare était tel, que le commandant Vial obtint de M. Fauconnet, colonel de gendarmerie, qu'il rencontra à la gare, l'ordre de rester à Beaune jusqu'à ce qu'il pût embarquer son bataillon, en ordre et au complet; et cela contrairement à ce qui se passait dans cette néfaste journée, où chaque wagon était pris à l'assaut par les fuyards qui s'étaient débandés de plus en plus.

La nuit du 29 au 30 et la journée qui suivit se passèrent avec calme pour le 1er bataillon. Il fut passé en revue par son commandant, le 30, et à cette revue, on ne constate l'absence que de quelques hommes.

Le commandant, profitant de ce séjour, envoya à Dijon le sous-lieutenant Bigillion, afin de tâcher de faire arriver les bagages.

Cet officier, en arrivant à cette ville, apprit que l'ennemi avait fait rétrograder nos soldats des positions qu'ils occupaient dans les faubourgs, et qu'il commençait même l'attaque des premières maisons. Il se rendit néanmoins à la mairie pour y exécuter sa mission ; mais le maire lui ayant démontré l'impossibilité dans laquelle il se trouvait de lui procurer des voitures de transport, le sous-lieutenant Bigillion s'offrit à celui-ci pour aider à la défense; ce que le maire accepta.

Le sous-lieutenant Bigillion se transporta aussitôt à la place Saint-Nicolas, un des points attaqués, avec deux hommes de la 3e compagnie qui étaient avec lui, les nommés Faure Pierre et Giraud Eugène. Chemin faisant, il rallia un certain nombre de mobiles de l'Isère qui étaient restés à Dijon, ne pouvant suivre, à cause des grandes fatigues qu'ils venaient de supporter, ou parce qu'ils s'étaient égarés, entr'autres le sergent Gentil-Perret, du 3e bataillon, et le fourrier Grasset, de la 1re compagnie du 1er bataillon ; en tout, une dizaine d'hommes de l'Isère auxquels s'étaient joints divers autres mobiles.

Tous montrèrent le plus grand empressement à aller défendre la ville, en se rendant aux barricades d'eux-mêmes, vers midi et demi.

On combattit sur ce point jusque vers cinq heures du soir, en compagnie d'un certain nombre de gardes mobiles de la Lozère, de gardes nationaux sédentaires et de soldats du 71e de ligne. Plusieurs furent atteints par les balles ennemies.

Dans une reconnaissance que le sous-lieutenant Bigillion fit en avant de la barricade, deux hommes tombèrent grièvement blessés à ses côtés.

Le sergent Gentil-Perret se conduisit également avec bravoure ; à la tête d'une vingtaine d'hommes de toutes armes, il chercha à déloger les Prussiens d'une maison d'où ils faisaient beaucoup de mal dans la rue qu'on défendait. Ce sous-officier, n'ayant pu remplir sa mission, qu'il entreprit à deux reprises différentes, se retira à son premier poste après avoir perdu quelques hommes.

A ce moment, le sous-lieutenant Bigillion, ayant appris qu'un drapeau blanc flottait sur l'hôtel de ville, envoya sur les lieux pour s'assurer de la véracité du fait qui, malheureusement, était exact.

Il rallia alors tous les hommes qu'il put et suivit la garnison qui battait en retraite sur Nuits, où un train les prit pour les conduire à Lyon.

Le 30 octobre au soir, il y eut, dans la ville de Beaune, un désordre qu'occasionna l'arrestation de M. Lavalle par le peuple. Ce malheureux commandant de l'armée de la Côte-d'Or fut assez maltraité jusqu'au moment où de généreux citoyens, oubliant ses fautes, purent le soustraire à la foule en le mettant en prison.

Le 1er bataillon ne prit aucune part à ce désordre, et la nuit eût été calme si des habitants de la ville, affolés de peur, n'eussent réveillé les mobiles logés chez eux pour qu'ils eussent à quitter immédiatement leurs maisons. Plusieurs de nos jeunes mobiles errèrent ainsi toute la nuit, sous une pluie battante, dans les rues de Beaune. Le commandant de la garde nationale sédentaire eut même l'audace de se rendre chez le commandant Vial pour lui intimer l'ordre d'évacuer la ville. Celui-ci se contenta de lui répondre qu'il ne la quitterait que sur un ordre de l'autorité militaire. — Cet ordre lui parvint à six heures du matin. — A Beaune comme ailleurs, le maire ne distribua des vivres que sur les ordres réitérés et par écrit du colonel Fauconnet.

Par suite de ces faits, le commandant Vial eut la douleur de voir ses hommes exposés à la pluie de six heures du matin à une heure de l'après-midi, heure à laquelle la gare de Beaune étant désencombrée, le 1er bataillon put s'embarquer pour Lyon, où il n'arriva pas sans incident. En effet, à Chagny, le chef de gare avait ordre de nous faire arrêter dans cette localité ; un instant après, un nouvel ordre nous prescrivait de continuer notre route.

A Mâcon, le même fait se reproduisit, et nous ne dûmes la reprise de notre marche qu'à l'intervention du chef de gare, qui déclara à un commandant de gendarmerie qui voulait nous faire rétrograder sur Chagny : « qu'il dégageait sa responsabilité des accidents qui pouvaient arriver, vu l'encombrement des voies, soit en avant, soit en arrière de Mâcon. » Bref, le 1er bataillon arriva sans autre incident à Lyon, à une heure et demie du matin, et fut dirigé sur les Brotteaux, qu'il quitta le 5 novembre pour se rendre au camp de Sathonay.

Les détails donnés ci-dessus peuvent être prolixes, mais, il faut l'avouer, ils ne sont pas de trop pour faire ressortir l'incurie de M. Lavalle qui n'avait pas craint d'accepter une responsabilité au-dessus de ses forces : on ne substitue jamais impunément l'ignorance au savoir, ainsi que le commandant Vial chercha à le prouver dans le rapport que M. le général Bressolles lui ordonna d'établir sur les faits regrettables qui nous occupent.

Le 28 octobre, à quatre heures du matin, le 2e bataillon quittait Drambon pour se diriger sur Pontailler, lorsqu'il reçut un ordre de M. Lavalle de se rendre à Genlis, et d'y attendre ses ordres. Il arriva dans cette localité à midi, et ne trouvant aucun ordre, il télégraphia à Dijon et reçut avis du général de se rendre dans cette ville, où il arrivait à neuf heures du soir. Vers minuit, n'ayant reçu, depuis son arrivée à Dijon, aucun avis de ce qu'il devait faire, et ayant appris qu'on devait évacuer cette ville, le commandant Boutaud se rendit chez le colonel Fauconnet, qui lui prescrivit de se retirer à Beaune.

Pendant le trajet de Dijon à Beaune, le 2e bataillon eut devant les yeux les faits déplorables qui ont été racontés en parlant de la retraite du 1er bataillon. Nous ne les répéterons pas. Le 2e bataillon eut l'heureuse chance de pouvoir enfin prendre le chemin de fer pour se rendre dirctement de Beaune à Lyon. Il arriva au camp de Sathonay le 30 au matin.

L'ordre de ce départ, qui est entre les mains du commandant Boutaud, est ainsi conçu : « Ordre au commandant du 2e bataillon de l'Isère de se rendre à Lyon pour se reformer ; dans 8 jours, cet officier, à moins d'ordres contraires, me rejoindra à Dôle, à l'armée de Garibaldi, — sera prévenu.

« 2 novembre 1870.

« Le Colonel faisant fonctions de général,

« Signé : Fauconnet. »

Nous avons laissé le 3e bataillon se retirant à Pontailler le 27 au soir avec le lieutenant-colonel Gustin et 3 compagnies du 2e bataillon qui l'avaient rejoint. Pendant la nuit du 27 au 28, ces troupes reçurent l'ordre de se diriger sur Auxonne ; elles firent cette route par une pluie glaciale et continue.

Le 28 au matin, en arrivant devant Auxonne, elles se virent refuser l'entrée de la ville par le commandant de place qui, craignant d'être cerné d'un moment à l'autre, ne voulait pas s'embarrasser de troupes qu'il n'aurait pu nourrir avec les ressources de la place. Ce fut à grand'peine que l'on obtint de lui l'autorisation de faire distribuer aux hommes une ration de pain.

Les troupes passèrent la nuit du 28 au 29 dans une grange située près de la gare d'Auxonne. Le 29, dans la journée, le lieutenant-colonel Gustin reçut l'ordre de se diriger sur Dôle, où on lui donnerait une destination définitive.

Le lieutenant-colonel et le 3e bataillon arrivèrent à Dôle dans la nuit du 29 au 30. Cette ville était encombrée par les volontaires garibaldiens qui occupaient toutes les casernes, et par de nombreux régiments de mobiles logés chez l'habitant. Les mobiles de l'Isère eurent une grande peine à se loger et restèrent pendant plusieurs heures exposés au froid et à la pluie.

La ville de Dôle était le quartier-général de Garibaldi ; le lieutenant-colonel Gustin dut se placer sous ses ordres.

Pendant la journée du 30 octobre, il reçut l'ordre d'envoyer à Saint-Jean-de-Losne un détachement de deux compagnies qui devaient se placer sous le commandement d'un capitaine d'état-major garibaldien et défendre le passage de la Saône.

Le lieutenant-colonel Gustin désigna pour cette mission deux compagnies du second bataillon, (celle du capitaine Lombard de Buffière et celle du capitaine Magnin.)

Le reste de la troupe séjourna, le 30, le 31 octobre, et le 1er novembre dans la ville de Dôle. Le lieutenant-colonel et le commandant Cadot ne cessèrent de déplorer que leurs troupes fussent obligées à ce séjour, car elles avaient sous les yeux de fâcheux exemples. Des francs-tireurs et des volontaires garibaldiens tenaient, dans les cafés et autres lieux publics, les propos les plus dangereux et les plus propres à exciter de jeunes troupes à l'indiscipline. Il n'y eut heureusement aucun acte de ce genre à réprimer chez les mobiles de l'Isère.

Le lieutenant-colonel sollicita et obtint l'autorisation d'aller se reformer à Lyon, où il espérait retrouver le 1er et le 2e bataillon. Cet ordre lui parvint pendant la journée du 1er novembre; le 2, il prit le chemin de fer, et le 3 il arrivait à Lyon avec le 3e bataillon.

Quant aux deux compagnies du 2e bataillon restées à Saint-Jean-de-Losne, il les envoyait prévenir par le sous-lieutenant Masse. Ces deux compagnies arrivèrent à Dôle le 3, au matin, et partirent immédiatement pour Lyon, où elles arrivèrent pendant la nuit.

Le 5 novembre, le 27e régiment provisoire d'infanterie se trouva de nouveau, en entier, sous les ordres du lieutenant-colonel Gustin, car le 1er bataillon reçut l'ordre de quitter les Brotteaux pour rejoindre la fraction principale de son corps au camp de Sathonay.

Le 5 novembre, le régiment alla bivouaquer au camp de Sathonay, malgré le piteux état des troupes, l'abaissement de la température et les pluies incessantes. Le général Bressolles, commandant la 8e division militaire avait sans doute pour but, en agissant ainsi, d'aguerrir les troupes; aussi fit-il bivouaquer également les mobiles qui vinrent nous rejoindre en grand nombre, tels que: un bataillon des mobiles de la Loire, les 14e et 83e de mobiles, le 1er bataillon de la Drôme et de l'infanterie de ligne.

Les officiers partagèrent le sort de la troupe. Les 2e et 3e bataillons ayant leurs bagages, comme ceux du 1er, au pouvoir de l'ennemi, ils durent coucher sous la petite tente du soldat. Cet état de choses occasionna des indispositions assez graves à quelques-uns d'entre nous qui, en raison de leur âge, du milieu dans lequel ils avaient vécu précédemment, ne purent supporter une semblable situation. Il faut le dire : les troupes souffrirent d'autant plus, sous leurs petites tentes, qu'elles voyaient inoccupé le baraquement du camp, assez spacieux pour leur donner abri à tous.

Toutes les troupes furent placées sous les ordres directs du colonel Bouquet, de l'état-major, faisant fonctions de général. Le travail journalier commença dès le lendemain, et une activité fiévreuse s'empara de tous pour réorganiser le régiment, afin d'être plus tôt à même de retourner à l'ennemi.

Heureusement les magasins de l'Etat et ceux de l'industrie privée nous mirent à même d'habiller et d'équiper nos hommes dans un délai très-bref. Si bien que nous apprîmes avec joie que nous serions passés en revue le 12, par le général commandant la 8e division militaire.

Cette revue nous laissa assez mécontents ; le général Bressolles fut très-sévère envers ces jeunes troupes et leurs chefs, comme si nous étions responsables des fautes qui avaient été commises aux environs de Gray, à Dijon et ailleurs.

Ce mécontentement fut encore bien plus grand lorsque, le 14 novembre, nous dûmes quitter le camp de Sathonay, pour nous rendre à Montchat, où nous devions travailler aux fortifications de ce camp et à la redoute que l'on élevait aux Eissarts. Le régiment dut fournir, par jour, quinze cents travailleurs, surveillés par les officiers.

Ce travail se fit sans murmure, mais les hommes souffrirent beaucoup ; la plupart d'entr'eux n'ayant jamais été employés à des travaux si pénibles. Ces travaux continuèrent malgré la pluie. On n'obtint même pas qu'ils fussent interrompus le dimanche.

Le général Bressolles nous considérant probablement propres à ne faire que des terrassiers, ne nous permit même pas d'employer notre temps à apprendre la manœuvre du fusil modèle 1866, que nous reçûmes dès le 17 novembre.

Disons de suite, pour ne plus revenir sur un fait aussi regrettable que le régiment se trouva engagé, en avant de Beaugency, sans avoir appris la manœuvre du Chassepot, sans avoir tiré un seul coup de fusil, même à blanc.

Ces travaux, en cette saison, firent qu'il y eut bientôt près de trois cents hommes aux hôpitaux ; car, à Montchat comme à Sathonay, tout le régiment bivouaquait sous la tente-abri, dans des terrains détrempés par une pluie incessante, et sur un plateau élevé où tous les vents semblaient s'être donné rendez-vous. Aussi le moral des troupes allait en s'affaiblissant, lorsque, heureusement on changea leur armement pour leur donner des chassepots. « Nous n'allons bientôt plus faire « la guerre à la boue, disaient-ils. A quand le « départ? »

Il ne se fit pas trop attendre, et nos hommes en ayant été prévenus s'empressèrent de sortir des hôpitaux pour rejoindre leurs bataillons. N'omettons pas de dire que l'administration départementale de l'Isère eut la gracieuseté de faire don à nos mobiles de manteaux semblables à ceux que portent les chasseurs à pied. Dès lors le régiment fut passablement habillé, équipé et pourvu d'objets de campement ; mais on n'avait pu encore échanger nos anciennes cartouchières, qui ne pouvaient préserver de l'eau les munitions. Il en était de même des musettes-havre-sacs, qui ne permettaient pas aux hommes d'arrimer convenablement leurs effets, pour obtenir un paquetage favorable à leur port. Ces objets d'équipement indispensables nous furent donnés le jour de notre départ de Montchat.

Le 27 novembre, dans la soirée, le régiment reçut l'ordre de partir pour Tours ; le 1er bataillon partit dans la matinée du 28, suivi à quelques heures de distance par les 2e et 3e bataillons, que le lieutenant-colonel accompagnait.

Le régiment, arrivé à Tours dans la nuit du 29 au 30 novembre, fut logé dans des fermes et des baraques à la disposition de la ville, et le 1er décembre le régiment alla se cantonner dans les baraques du camp de Notre-Dame d'Oé.

Du 1er au 3 décembre 1870, le régiment séjourna à ce camp, où l'on distribua aux hommes des vivres de campagne.

Le 3 au matin, le régiment reçut l'ordre de prendre les voies ferrées pour se rendre à Orléans.

Le 1er bataillon partit vers midi; mais, arrivé à Blois il reçut l'ordre de s'arrêter à Beaugency, où les 2e et 3e bataillons vinrent le rejoindre avec le lieutenant-colonel Gustin.

Le 4, on s'approvisionna en vivres, et le régiment apprit qu'il faisait partie de la *Colonne mobile de Tours*, commandée par le général Camô.

Cette colonne était composée ainsi qu'il suit :

16e bataillon de chasseurs à pied ;
1 régiment de marche de gendarmerie à pied;
59e régiment d'infanterie de marche ;
27e régiment de mobiles (Isère) ;
88e régiment de mobiles (Indre-et-Loire) ;
Eclaireurs de l'armée ;
Francs-tireurs de l'Ain.

La cavalerie comprenait :

4e régiment de lanciers, de marche;
3e — de hussards, —
2e — de chasseurs, —
7e — de cuirassiers, —
1er — de gendarmerie à cheval.

L'artillerie se composait des :

23e	batterie du	7e	régiment ;
22e	—	8e	—
23e	—	10e	—
21e	—	15e	—
17e	—	18e	—

Dans cette journée du 4 décembre on entendait parfaitement le canon dans la direction d'Orléans.

A la tombée de la nuit, les troupes de la colonne mobile de Tours reçurent ordre de se porter sur Beaumont, à 5 kilomètres en avant, sur la route de Beaugency à Châteaudun. Le 27e régiment de mobiles arrivait à Beaumont, à huit heures du soir, et allait camper à droite de ce village, au-dessous d'un plateau, couronné à gauche, d'un terrain boisé, entouré d'une forte haie.

Pendant cette marche en avant, la colonne mobile de Tours eut un triste spectacle devant les yeux : celui de troupes se dirigeant en désordre sur Beaugency, qu'elles dépassèrent en se retirant sur Mer. Elles appartenaient, nous dit-on, à la division du général Maurandy.

A la droite du régiment, bivouaqua le 59e de ligne ; à sa gauche, le 88e de mobiles. Ces corps avaient devant eux le régiment de gendarmerie à pied cantonné à Meung. Le 16e bataillon de chasseurs à pied était en réserve dans la direction de Mée. Le 4e lanciers et le 3e hussards étaient aux Monts, en avant de Meung. Les trois autres régiments de cavalerie bivouaquèrent à Beaumont. Ces positions formaient l'extrémité de l'aile droite de la deuxième armée de la Loire, qui avait son gauche dans la direction de La Vallière, en avant de la forêt de Marchenoire.

Le capitaine Peyron, 7e du 1er bataillon, et la 3e du 3e, capitaine Frachon, furent placés en grand'-garde à Cravant, avec mission de faire de nombreuses reconnaissances pour bien éclairer le pays. Ce service fut bien fait, quoiqu'il fût rendu très-difficile par la quantité de fuyards provenant des combats des journées précédentes, qu'on ne pouvait arrêter que très-difficilement.

Ils parvinrent cependant à opérer l'arrestation

de cinq cents affolés — on ne peut se servir d'un autre terme, — qu'ils consignèrent dans la cour d'une ferme, et qu'ils remirent entre les mains de la prévôté avant de quitter leur grand'garde.

III

Du 5 au 11 décembre

Combats de Foinard, de Beaumont. — Bataille de Villorceau-Vernon. — Combats de Tavers et du Château de Coudray (1)

Le 27e régiment de mobiles envoya dès le 5 au matin deux nouvelles compagnies de grand'garde au Bardon. La journée se passa sans incident ;

(1) Ces combats sont désignés par le général commandant en chef la 2e armée de la Loire sous les noms de combats de Foinard, La Vallière, Langlochère, Messas; bataille de Villorceau; combats de Tavers et du château de Coudray. — Nous nous sommes servis des noms des positions occupées par le 27e régiment de mobiles de l'Isère.

mais, le 6 au matin, nos reconnaissances signalèrent l'ennemi en avant de Meung.

Le général Camô mit aussitôt sa colonne en mouvement dans cette direction. La droite de la division devait s'appuyer à Foinard, la gauche s'étendait vers Langlochère. Trois batteries d'artillerie appuyaient ces troupes d'infanterie, les deux autres étaient en réserve. La grosse cavalerie s'établit sur notre flanc droit.

Les troupes, en arrivant sur les positions que nous venons d'indiquer, entendirent alors une forte fusillade dans Meung, et virent la gendarmerie à pied qui se reformait en arrière de ce bourg, d'où elle venait d'être chassée. L'ennemi ayant aperçu la colonne Camô s'arrêta, et les troupes aux ordres de ce général vinrent reprendre les positions qu'elles occupaient dans la matinée. L'ennemi évacua Meung.

Les anciens militaires qui comptaient au 27e régiment de mobiles de l'Isère, s'aperçurent avec plaisir que le bruit du canon, la fusillade, qui se faisaient entendre tout près de nous, n'avaient pas ému nos mobiles. Au contraire, l'ordre le plus parfait régna dans les rangs, et les armes furent chargées tant bien que mal; ceux qui connaissaient la charge du fusil l'apprenaient aux autres.

Dans la matinée du 7, nous entendîmes une canonnade qui semblait venir de la Vallière; peu à peu le bruit du canon se rapprocha du centre de la ligne, puis il y eut un court répit; et vers onze heures et demie, on nous ordonna de prendre nos positions de combat. Celles de notre colonne mobile de Tours furent à peu près les mêmes que celles de la veille; il nous sembla, toutefois, que le centre de l'armée s'était reculé pour s'appuyer à Josnes; de sorte que la gauche et la droite étaient les parties de l'armée les plus rapprochées de l'ennemi.

Josnes, où était le quartier-général, village de 15 à 1,600 âmes, situé en arrière de la route conduisant à Vendôme, occupe le sommet d'un plateau qui, à partir de la Loire, va s'élevant graduellement. De là, on domine l'immense plaine de la Beauce, de l'Orléanais et du pays blaisois; ce n'est que du côté de Beaugency que l'horizon offre quelques plis de terrain où des troupes peuvent se dissimuler ; d'autant plus que la voie du chemin de fer forme un renflement continu, comme si un mur s'élevait le long de la Loire.

C'est grâce à l'abri que leur fournit la voie ferrée que les Prussiens purent se glisser le long de la Loire et s'introduire dans Beaugency.

Si cette ville avait été mieux gardée, plus fortement occupée, le sort des brillantes journées des 7 et 8 décembre n'aurait pas été compromis, et la bataille de Villorceau eût pu avoir, pour la France, un résultat aussi considérable que celle de Coulmiers.

La prise de Beaugency a été imputée au général commandant l'extrême droite de l'armée ; il nous semble que le général, en raison du petit nombre de troupes sous ses ordres, ne pouvait combattre le 8 devant Messas, et en même temps garder Beaugency.

Si la cavalerie, que nous ne vîmes qu'un moment dans la journée du 7 et pas du tout dans celle du 8, avait eu pour mission d'éclairer notre extrême droite et même la rive gauche de la Loire, l'heureux résultat obtenu par l'armée n'aurait pas été compromis.

Nous avons dit que le 7 septembre, à onze heures et demie, la colonne Camô avait pris ses positions de combat. A midi, le canon ennemi se rapprocha et couvrit de projectiles le village de Bardon, occupé par les 1re et 4e compagnies du 3e bataillon, capitaine Roche et Baronnat. Ces compagnies se replièrent et rentrèrent à leur bataillon.

En même temps, à notre droite, d'autres batteries ennemies, placées peut-être sur la rive gauche de la Loire, ouvraient sur nous un feu d'écharpe auquel ne tarda pas à répondre l'artillerie française, placée sur un point culminant et très-favorable.

Le 27e régiment occupait les positions suivantes : le 1er bataillon fut placé en soutien de la batterie d'artillerie, dont nous venons de parler, et dans une position oblique à la Loire, son aile gauche sensiblement refusée ; le 2e bataillon s'étendit dans cette direction, à gauche du 1er, en allant s'appuyer à une route conduisant au Bardon ; le 3e bataillon fut placé en troupe de soutien à gauche et en arrière du 2e bataillon. Le lieutenant-colonel resta avec ces deux bataillons.

Des tirailleurs furent déployés à 600 mètres en avant de la ligne de bataille. La 1re du 1er bataillon, capitaine Gal-Ladevèze, s'étendit vers sa gauche pour lier sa ligne à celle de la 2e du 2e bataillon, capitaine de Courtenay, qui elle-même venait s'appuyer à des batteries d'artillerie.

Une compagnie du 59e de ligne couvrait également son régiment, placé à la droite du 1er bataillon.

Le général Camô conserva sous sa main le 88e de mobiles et le 16e bataillon de chasseurs à pied.

La cavalerie, placée bien arrière du 59e de ligne, était déployée en colonne par échelons.

Dès que nos tirailleurs eurent pris position, ils marchèrent en avant et ne tardèrent pas à engager une vive fusillade avec l'ennemi, qui dut évacuer la ferme de la Bourie où il s'était abrité ; il en fut chassé également par un incendie qu'avait allumé le feu de notre artillerie. Nos tirailleurs profitèrent habilement de cet état de choses et lui firent beaucoup de mal quand il se replia.

Pendant ce temps, notre artillerie répondait avec succès à celle du duc de Mecklembourg; les coups de canon se succédaient avec une rapidité extraordinaire, et de la part de l'ennemi avec une justesse bien dangereuse pour les troupes d'infanterie qui étaient en soutien. Nos jeunes mobiles ne se laissèrent pas intimider par le danger, quoique le feu des Allemands fît de nombreuses victimes dans leurs rangs. C'était plaisir de voir la fermeté avec laquelle ces jeunes troupes voyaient le feu pour la première fois. Ni les plaintes des blessés, ni celles des mourants ne purent les émouvoir : on lisait sur ces jeunes et intelligentes physionomies qu'un sentiment inné de bravoure les animait.

Les pertes du 1er bataillon devenant fort sensibles, le commandant Vial obtint de porter sa troupe à deux cents mètres plus en avant.

Ce fut une heureuse inspiration, car battu en avant et pris en écharpe, nous aurions été détruits si nous étions restés plus longtemps sur notre position; l'artillerie placée à la gauche du 2e bataillon n'ayant pas pu répondre d'une manière efficace à celle de l'ennemi : celle qui semblait venir de la rive gauche de la Loire.

A ce propos on ne saurait trop recommander aux troupes d'infanterie qui doivent soutenir de l'artillerie qu'elles seront mieux placées à deux cents mètres en avant et sur le côté des pièces à défendre, qu'à leur hauteur ou plus en arrière.

Ce mouvement du 1er bataillon était à peine achevé qu'une vive fusillade s'engagea sur la gauche de la colonne mobile de Tours, contre un ennemi audacieux qui cherchait à s'emparer de notre artillerie. Le 16e bataillon de chasseurs à pied, commandant Béchet, soutint bravement le choc jusqu'au moment ou le général Camô, avec l'aide du 88e de mobiles et du 51e de ligne, parvint à repousser cette colonne d'attaque.

Ceci se passait vers quatre heures du soir. Une demi-heure après, la brave artilierie, que le 1er bataillon soutenait, eut ses pièces démontées et dut se retirer. Alors l'ennemi, en colonnes profondes, s'avança vers nous, arrivant par notre droite, bien qu'il eût été refoulé peu d'instants avant au-delà de Langlochère et de Foinard.

Les troupes du duc de Mecklembourg s'établirent entre Messas et la position que nous occupions, c'est-à-dire en avant de Beaumont, et une vive fusillade s'engagea entr'elles, le 59e de ligne et le 1er bataillon de l'Isère.

Nous soutînmes d'abord avec quelque succès ce combat si disproportionné, en maintenant l'ennemi stationnaire. Cependant la nuit approchant, le lieutenant-colonel Barille ordonna la retraite, en faisant refuser l'aile droite ; c'est-à-dire, que le 59e, couvert par notre feu et nos tirailleurs, rompit en arrière par échelons.

Le mouvement de retraite du 59e s'étant arrêté, et ce régiment, par son feu, ayant de nouveau suspendu le mouvement en avant de l'ennemi ; le commandant Vial fit porter son bataillon en arrière jusqu'à un petit bois, bordé d'une forte haie, celui que nous avons signalé en parlant de l'emplacement de notre bivouac du 4 décembre.

Le 1er bataillon s'embusqua aussitôt derrière le rempart naturel que lui offrait cette haie ; point défensif fort bien situé pour combattre avec avantage, parce qu'il domine les terrains environnants.

Il était temps d'y arriver, car une pluie de balles, dont le sifflement était sinistre, passait heureusement au-dessus de nos têtes.

Sans perdre une minute, le commandant fit placer les compagnies le long de la haie : la 5e, capitaine Brun, au sommet de la haie, qui à ce point forme un angle droit avec la direction suivie par l'ennemi. La 4e, capitaine de Maximy, appuya sa gauche à la 5e ; puis vinrent les 6e, sous-lieutenant Sestier ; 3e, capitaine Lentz ; 2e, lieutenant Pilot de Thorey. La 7e, capitaine Peyron fut établie sur une ligne, ayant à droite et formant angle droit avec elle, la 5e.

En ce moment, au feu de l'infanterie ennemie se joint celui de l'artillerie ; les 7e, 5e et 4e compagnies principalement, sont pour ainsi dire prises entre les obus venant de la direction de Meung et le feu très-supérieur de l'infanterie ennemie, contre lesquels elles n'ont d'autre abri qu'une haie.

La fusillade est très-rapprochée, mais le tir de

l'ennemi est heureusement toujours un peu haut. Le sifflement des balles est autre que tout à l'heure, les basses branches des arbres tombent comme coupées à plaisir. Le brave capitaine Brun, énergiquement secondé par l'adjudant-major Billion du Plan, fit ouvrir, par sa compagnie, un feu excessivement meurtrier contre l'Allemand qui quand même s'avançait ; toutes nos balles portaient.

La 4e compagnie, les autres aussi, couvrent également les tirailleurs ennemis et les masses serrées qui les suivent d'un feu très-énergique et bien soutenu, car l'ennemi s'approche toujours et nous répond par le feu pressé de ses masses serrées.

Le commandant, jugeant alors à propos de reculer sa ligne de combat, fit commencer la retraite en procédant par la gauche.

La 7e compagnie reçut l'ordre de se porter auprès de lui pendant que les 2e, 3e et 6e compagnies se formeront en bataille à l'extrémité inférieure du bois, espèce de pépinière.

Le capitaine Peyron exécute son mouvement

de retraite fort intelligemment, en espaçant ses hommes le plus possible, car l'entrée du bois n'est pas tenable : on ne s'y engage pas sans y laisser des morts et des blessés ; cependant aucune défaillance n'est constatée dans nos rangs. Nos jeunes mobiles traversent à découvert, sans trep accélérer le pas et sous une véritable grêle de projectiles, un espace de cent cinquante mètres à peine qu'en tout autre moment on croirait infranchissable.

Ces divers mouvements s'exécutaient avec passablement d'ensemble, mais cependant avec un certain désordre ; car, entrés dans les bois, les hommes n'étaient plus aussi bien sous la main de leurs officiers. Pendant qu'ils s'effectuaient, les braves 5e et 4e compagnies combattaient toujours vigoureusement ; la fusillade avait, pour ainsi dire, la crépitation des mitrailleuses. Le tir des Allemands, quoique guidé par la lueur de nos feux, était plus incertain que le nôtre, parce que la haie derrière laquelle nous étions nous dissimulait ; d'un autre côté, l'obscurité qui nous environnait nous était très-favorable.

C'est pendant cet instant de lutte acharnée que M. le lieutenant Craponne du Villard, jeune officier ayant donné maintes preuves de dévouement à son devoir, reçut une balle qui lui traversa l'épaule gauche. Le capitaine Brun avait la malléole externe du pied gauche contusionnée par un éclat d'obus, et M. Max Fontenay recevait aussi un éclat d'obus sur le devant de la cuisse droite. Les pertes du bataillon étaient très-sensibles.

Tout à coup, le commandant Vial, croyant distinguer une troupe qui s'avançait vers la gauche de la 5e compagnie, se porta en avant pour la reconnaître, et se trouva ainsi pris entre deux feux; c'était une ligne de tirailleurs d'infanterie en retraite sur Beaumont.

Le commandant fit aussitôt reprendre au capitaine Peyron son ancienne position, et il ordonna aux 4e et 5e compagnies de battre à leur tour en retraite.

Cette marche en arrière s'exécuta avec lenteur, surtout par la brillante cinquième, que le commandant acclama; la 7e suivit ce mouvement en couvrant le flanc gauche du bataillon.

Il faut le dire hautement, ce combat fit le plus grand honneur au 1er bataillon; de jeunes officiers tels que M. le sous-lieutenant Sestier, commandant la 6e compagnie, le lieutenant Pilot de Thorey, commandant la 2e, surent inspirer assez de confiance à leurs hommes pour qu'aucun d'eux conçût la pensée de quitter son rang.

Au commencement de cette belle défense, et une fois qu'il eut placé dans de bonnes positions ses diverses compagnies, le commandant Vial se trouva personnellement dans une position très-critique; voici comment:

Son cheval ayant été blessé par un éclat d'obus, il ne put lui faire franchir la haie derrière laquelle le bataillon s'abritait; de sorte qu'il fut exposé au feu de ses hommes comme à celui de l'ennemi. Heureusement, le sous-lieutenant Viard qui, dans cette journée, donna de nombreuses preuves de bravoure, vit le danger couru par le commandant, et put, en faisant cesser le feu sur le point où il se présentait, faire ouvrir la haie pour lui donner passage.

Pendant que le 1er bataillon de l'Isére battait en retraite sur Beaumont, à travers la pépinière et les jardins avoisinant ce village; la 1re compagnie, en tirailleurs depuis midi, se repliait en combattant vaillamment. La 1re section était placée sous les ordres directs du capitaine Gal-Ladevèze; la 2e, sous ceux du sergent Ramus, qui, aidé du caporal Vialys, se multiplia pour maintenir au feu ses hommes déjà entraînés par la retraite de l'extrême gauche de la colonne.

En cette circonstance, le sergent Ramus reçut un concours efficace d'un adjudant-major d'infanterie qui, abandonné par ses hommes, vint se joindre aux mobiles de l'Isère pour combattre, et les exhorter à la défense par des paroles pleines de dignité et de patriotisme. Vers la fin de l'action, ce brave officier reçut une balle à la cuisse; au même moment, son cheval, atteint au poitrail, roula à terre avec lui. Le lieutenant-colonel Vial regrette sincèrement de ne pas savoir le nom de ce brave officier.

En entrant dans Beaumont, le 1er bataillon fut grandement étonné de voir ce village évacué par les troupes; car l'ennemi, rendu prudent par les pertes considérables qu'il avait subies, n'avait pas suivi le 59e de ligne et le 1er bataillon de l'Isère dans leur retraite : il s'était massé sur le terrain que nous venions d'abandonner.

Le 2e bataillon, que nous avons laissé s'appuyant à la route conduisant au Bardon et à droite des batteries de gauche de la colonne mobile de Tours, eut un rôle passif. En effet, à part la fusillade que la 2e compagnie, capitaine de Courtenay, eut à échanger avec l'ennemi, conjointement avec tous les tirailleurs développés sur notre front de bataille, le 2e bataillon, disons-nous, dut se contenter de rester, l'arme au pied, exposé aux obus de l'ennemi, qui lui blessèrent une vingtaine d'hommes.

M. Boutaud eut son cheval blessé.

Le lendemain, il devait prendre bravement la revanche de son inaction forcée.

Vers le soir, il suivit le mouvement de retraite qui commença, avons-nous dit, par le régiment de gauche de notre colonne.

Nous avons laissé le 3e bataillon placé à gauche et en arrière des positions occupées par le 2e bataillon, en avant du village de Beaumont. La 6e compagnie, sous les ordres du capitaine de Marcieu, fut déployé en tirailleurs en avant de ce bataillon, afin de le protéger.

Pendant toute la durée de l'action, ce bataillon ne fut pas aux prises avec l'ennemi ; mais il n'en fut pas moins exposé jusqu'au soir à ses projectiles, qui lui blessèrent une quinzaine de soldats.

Lorsque le mouvement de retraite se fut prononcé, le 3e bataillon reçut l'ordre de se diriger à gauche du village de Beaumont, afin de gagner, à travers champs, la route conduisant à Beaugency.

Le commandant Cadot fit alors déployer en tirailleurs la 5e compagnie, sous les ordres du capitaine Laurent, afin de couvrir la retraite.

Le capitaine Laurent partagea sa compagnie en deux sections : la 1re, sous les ordres du sous-lieutenant Masse protégeait la queue du bataillon, tandis que le capitaine Laurent, avec sa 2e section, se portait sur le flanc du bataillon, afin d'empêcher qu'il ne fût tourné.

La 1re section donna passage à la 6e compagnie,

capitaine de Marcieu, qui rejoignit le gros du bataillon, et aux éclaireurs de l'armée du capitaine Bonnet, qui se repliaient en combattant et poursuivis par le feu de l'ennemi. Lorsque le capitaine Bonnet eut dépassé la ligne de tirailleurs formée par la 1re section de la 5e compagnie, il dit au sous-lieutenant Masse qu'il fallait faire commencer le feu. Alors s'engagea entre l'ennemi et la 5e compagnie une fusillade qui fut très-courte, car le feu des Allemands cessa aussitôt.

Le capitaine Laurent ne tarda pas à envoyer au sous-lieutenant Masse l'ordre de se replier, ce qu'il fit en bon ordre jusqu'à ce qu'il eut dépassé une autre ligne de tirailleurs formée par la 4e compagnie, capitaine Baronnat; il se ploya en colonne et rejoignit le gros du bataillon. La 4e compagnie ne tarda pas à rejoindre.

La retraite s'opéra à travers champs, et l'on gagna la route menant à Beaugency.

Arrivé à cette route, le 3e bataillon se réunit au 2e et continua sa retraite. A ce moment, survint le lieutenant-colonel Barille, du 59e de ligne, qui apportait, de la part du général Camô, l'ordre de regagner les anciennes positions. Les deux bataillons firent aussitôt demi-tour et l'on retourna à Beaumont. Comme on arrivait à ce village, où le 1er bataillon rallia le régiment, de nouveaux ordres survinrent, et on nous envoya camper aux marais de Beaugency, à 400 mètres au-devant de cette ville.

Cette journée de combat nous coûta une vingtaine d'hommes tués et cent vingt hors de combat (1).

---

(1) A propos des pertes du régiment, le lieutenant-colonel fait observer qu'elles n'ont jamais pu être établies d'une manière exacte, les hommes tués et blessés étant presque toujours restés sur les champs de bataille et généralement faits prisonniers. Les plus grandes pertes eurent lieu lors des batailles livrées en avant de Beaugency et à Vendôme, où l'on combattit jusqu'à nuit close. D'un autre côté, dès le 8 décembre 1870, les aides-majors des 1er et 2e bataillons ayant été retenus à Beaugency par l'enemi, les services de santé et d'ambulance du régiment ne purent, dès lors, être organisés convenablement, malgré toute l'activité que déploya M. Cadot fils, jeune aide-major du 3e bataillon, pendant cette rude et douloureuse campagne.

On ne pourra arriver à connaître le total réel des pertes éprouvées par le régiment qu'en procédant à une revue d'effectif faisant

Le commandant Vial signala comme s'étant particulièrement distingués, dans son bataillon, les capitaines Brun, Lentz, de Maximy et Peyron ; le lieutenant Henry Billion du Plan ; les sous-lieutenants Sestier et Virard ; les sergents-majors Tagnard et Chabert Albert ; les sergents Poupon (grièvement blessé), Gerlat, Fontenay ; le caporal Bailly Joseph, qui eut trois doigts de la main droite emportés par un éclat d'obus ; et le tambour Thomas.

Dans la nuit du 7 au 8, on chercha à se procurer des vivres, dont les hommes étaient privés depuis le matin : on n'en put trouver. On fut plus heureux pour les munitions, qui furent completées à la gare de Beaugency, sous la direction du capitaine Peyron, malgré le désordre que produisit l'apparition dans cette ville de quelques cavaliers

---

ressortir la position qu'avaient ou que devaient avoir, au 12 avril 1871, les 3,600 hommes qui avaient quitté Grenoble le 16 septembre 1870 ; car lorsqu'on nous licencia, le jour même de notre arrivée à Grenoble, l'effectif du régiment n'était plus que de 1,856 hommes.

ennemis qui vinrent dans les faubourgs tirailler avec des francs-tireurs italiens. Heureusement le capitaine de la 7e conserva tout son sang-froid et put, en requérant une voiture, enlever ses munitions et celles destinées au 2e bataillon du régiment.

Cette compagnie ayant accompli sa mission, en escortant les munitions du 2e bataillon jusqu'à l'emplacement où la colonne avait passé la nuit, rejoignit son bataillon.

Dans la matinée du 8, le régiment prit la direction de Mer pour aller se rallier au général Camô, qui avec des troupes de réserve, était à Beaugency et en arrière de cette ville. Notre mouvement commençait à peine qu'un ordre parvint aux lieutenants-colonels Gustin et Barille de se rendre à Vernon.

Avant d'entrer dans l'action du jour, disons de suite que, dans la journée du 8, le 59e de ligne et le 27e de mobiles ne furent pas reliés aux troupes sous les ordres du général Camô ; nous n'avons jamais su pourquoi.

Le 1er bataillon de l'Isère, placé en avant de

Vernon et un peu sur la droite de la route conduisant à Beaumont, était en position dès huit heures du matin pour soutenir notre artillerie, qui ne tarda pas à ouvrir son feu dans la direction de Messas, où la colonne mobile de Tours aurait dû avoir sa gauche appuyée, sa droite allant à la Loire. Mais le général Camô crut devoir changer sa ligne de bataille, comme nous allons le voir dès que nous aurons fini d'indiquer l'emplacement du 1er bataillon de l'Isère et l'action à laquelle il prit part dans cette journée.

L'artillerie eut pour soutien les 3e, 5e compagnies et plus tard la 7e, capitaines Lentz, Brun et Peyron.

Les 2e, 4e et 6e compagnies, lieutenant Pilot de Thorey, capitaine de Maximy et sous-lieutenant Sestier, furent embusquées dans les cours et les maisons dont les jours regardaient Messas et la ligne du chemin de fer. Le commandant Vial, en un instant, eut installé ces compagnies, et chaque cour, chaque maison furent aussitôt barricadées et les murs crénelés.

Pendant ce temps, et en l'absence du commandant Vial, le lieutenant-colonel Barille mettait en tirailleurs la 1re compagnie, capitaine Gal-Ladevèze.

Le 59e de ligne, placé dans le village, reçut une mission semblable à celle confiée aux 2e, 4e et 6e compagnies du 1er bataillon de l'Isère : celle de défendre la partie droite du village, par où l'on débouche pour se rendre à Beaugency. Les 2e et 3e bataillons de l'Isère devaient s'étendre sur la gauche de Vernon, ce qu'ils firent ; mais, plus tard, ils pivotèrent sur l'aile gauche du 2e bataillon, la droite du 3e bataillon formant un angle ouvert avec la route de Vernon à Beaugency.

Notre réserve, formée du 88e régiment de mobiles, lieutenant-colonel de Cools, fut placée à Pierre-Couverte et devait se rallier à la 1re division du 16e corps, général Deplanque, qui avait sa droite appuyée au Grand-Bonvallet.

Toutes ces troupes, ainsi que la 2e division du 16e corps (1) et la 1re du 17e étaient placées,

---

(1) Cette division, aux ordres du général Barry, devait prendre position vers Beaugency ; si elle y eût été, cette ville n'aurait pas été prise par l'ennemi à la tombée de la nuit.

comme la veille, sous les ordres directs du vice-amiral Jauréguiberry.

Il était près de neuf heures du matin, lorsque nous entendîmes une vive canonnade qui nous indiquait que nos troupes s'avançaient de Cravant sur Beaumont ; au même moment, celles qui devaient défendre Vernon furent vivement attaquées par de nombreuses colonnes ennemies débouchant de Messas et à droite de ce village.

La canonnade s'engagea aussitôt vivement des deux côtés ; l'artillerie française, soutenue par un feu de mousqueterie, devait tenir l'ennemi en respect toute la journée. Les défenseurs de Vernon, heureux et fiers de leurs succès, obligèrent l'ennemi à rentrer dans ses lignes toutes les fois qu'il voulut s'avancer dans leur direction.

Les tirailleurs furent renforcés par l'envoi de la 7e compagnie, capitaine Peyron, pour aider la 1re qui combattait vaillamment. Ceux de l'infanterie assurèrent également nos positions contre tout retour offensif : on vit souvent l'ennemi se retirer en désordre en arrière de Messas et d'un cimetière dont les murs étaient crénelés ; car nos chassepots atteignaient ses masses profondes à des distances qui ne lui permettaient pas de nous combattre à découvert.

Ce n'est pas à dire que la fusillade n'eut pas lieu quelquefois à de petites distances : souvent les tirailleurs se fusillèrent à moins de cent cinquante mètres. Ces braves jeunes gens se portaient même si près de Messas, à chaque mouvement de recul de l'ennemi, que celui-ci dut se défendre, tirant des fenêtres et de toutes les maisons de ce village, qui ne tarda pas à être mis en feu par notre artillerie.

La 4e compagnie, capitaine de Maximy, entra aussi en action et se battit avec une rare intrépidité. Nos tirailleurs plus espacés, mieux abrités par quelques plis de terrain, vigoureusement soutenus par la mousqueterie que nous dirigions de Vernon, eurent toujours un avantage marqué sur l'ennemi ; fantassins, jeunes mobiles s'acquittant héroïquement de leur devoir.

Plusieurs actes individuels de courage eurent lieu dans cette mémorable bataille. Citons, pour le 1er bataillon de l'Isère, celui du garde Rose de la 1re, qui, en compagnie d'un soldat de la ligne qui fut sur-le-champ blessé, s'avança à cinquante mètres de l'ennemi pour mieux le reconnaître et savoir s'il ne filait pas derrière la ligne du chemin de fer. Le garde David-Cavaz alla prendre sur ses épaules ce soldat blessé et le ramena dans nos lignes, sous une pluie de balles, aux applaudissements de ses camarades. On avait oublié d'apporter les armes du soldat blessé, le capitaine Gal-Ladevèze alla les chercher. De la part d'un commandant de compagnie, c'était une imprudence; mais le fait n'en est pas moins glorieux pour celui qui l'a accompli.

La 7e compagnie, capitaine Peyron, avait été déployée en tirailleurs, avons-nous dit, pour soutenir la 1re, qui, harassée et ayant brûlé presque toutes ses cartouches, avait besoin de quelque repos. Ce mouvement finissait de s'opérer quand le commandant Vial signala au lieutenant-colonel Barille une colonne de cavalerie ennemie qui s'apprêtait à nous charger (1).

---

(1) Le lieutenant-colonel profite de cette circonstance pour re-

Le cheval du commandant Vial avait reçu une balle à la jambe et ne pouvait courir, le lieutenant-colonel Barille se porta au galop sur la 7e compagnie pour la faire former en carré. Cette formation se fit froidement et les hommes attendirent. Tout à coup, cette cavalerie dissimulée d'abord par des haies, quelques constructions, au lieu de s'élancer sur la 7e, passe au galop devant elle en poussant des hurras et en prenant la direction de Beaumont. Nos tirailleurs lui envoient des décharges successives qui font mordre la poussière à maints cavaliers ; mais le danger véritable n'est pas là : une colonne profonde d'infanterie et encore éloignée arrive sur la droite, entre Vernon et Beaugency.

Le capitaine Peyron, auprès duquel le lieutenant-colonel Barille et le commandant Vial étaient arrivés, dirige au pas de course sa compagnie à quelques mètres d'un cimetière, où elle engagea

---

mercier le lieutenant Sestier. Cet officier avait des lunettes d'approche excellentes, qu'il lui prêta souvent et qui, plus d'une fois, lui furent très-utiles.

un feu très-nourri, auquel l'ennemi répondit par des feux de bataillons qui atteignaient cette compagnie et celles embusquées dans Vernon.

Nos jeunes mobiles, dans cette attaque, montrèrent un sang-froid inaltérable ; ceux en tirailleurs, refusant de rester à genoux, continuèrent de marcher en avant, tout en tirant sans interruption sur le gros de la colonne ennemie, que cette défense et la mousqueterie de l'infanterie qui arrivait de la droite du village, étonnent. Elle dut souffrir beaucoup, car elle s'arrêta et se contenta dès lors de continuer une vive canonnade qui fit beaucoup de mal dans Vernon.

La nuit approchait quand un capitaine d'artillerie se présenta au lieutenant-colonel Barille. Cinq de ses pièces, lui apprit-il, venaient de lui être enlevées, tout près de Beaugency, au moment où cette batterie pensait pouvoir aller se ravitailler dans cette ville.

L'ennemi s'était donc emparé de Beaugency ? Qu'était-ce donc que le combat qui venait de se livrer dans cette direction ?

Notre extrême droite, où se trouvaient les 2e et

3e bataillons du 27e régiment de mobiles, d'autres troupes encore, entr'autres le régiment de gendarmerie à pied que nous pensions être à Beaugency, avait donc été obligée de se retirer sur Mer devant les Mecklembourgeois ?

Nous étions très-perplexes. Cette perplexité augmenta encore par l'arrivée d'un bourgeois de Vernon, le propriétaire du château où notre ambulance était établie, qui vint dire au lieutenant-colonel Barille, de la part d'un général de l'armée ennemie que s'il ne se rendait pas, Vernon serait bombardé et réduit en cendres.

L'injonction du général du roi de Prusse n'intimida en aucune façon le brave lieutenant-colonel Barille, que nous avions vu admirable de sang-froid dans cette journée et celle de la veille. Il fit rallier son régiment et le 1er bataillon de l'Isère en avant et à droite de la route qui mène de Vernon à Beaumont : ce premier village n'était plus tenable et il ne fallait pas laisser les hommes s'égarer ou suivre une direction menant à Beaugency.

Des tirailleurs du 59e de ligne, appuyés par les

5e et 3e compagnies de l'Isère, reçurent l'ordre d'assurer notre gauche et le capitaine Peyron fut envoyé sur la route de Beaumont pour s'assurer si ce village était resté en notre pouvoir. — Il manquait à l'appel la 4e compagnie, capitaine Maximy, qui ne nous rallia pas. Placée d'abord à la droite du village de Vernon, elle s'était dispersée en tirailleurs ; et entraînée par son chef, elle combattit toute la journée jusqu'au moment où elle se rallia au 3e bataillon, lorsque celui-ci dut se replier en arrière, ainsi que nous le verrons.

Revenons en avant de Vernon. La 7e compagnie partit aussitôt, précédée d'une section de hussards qui devait éclairer sa marche : si l'on se rappelle que de la cavalerie ennemie venait de se diriger sur Beaumont, cette compagnie courait le risque d'être enlevée, si elle ne prenait pas toutes les précautions usitées en pareil cas.

Cette petite troupe, bien éclairée sur ses flancs, était à peine à 16 ou 1,700 mètres, que les hussards qui la précédaient tombaient dans une grand'-garde ennemie : une vive fusillade l'assaillit, ainsi que l'infanterie qu'elle éclairait.

Les hussards firent demi–tour, et le capitaine Peyron, qui avait fait mettre ses hommes à genoux sur les côtés bordant la route, ne se voyant pas poursuivi par l'ennemi, dont il entendait les *Verda!* replia sa compagnie.

Beaumont étant au pouvoir des Prussiens, le lieutenant–colonel Barille n'hésita plus à ordonner la retraite, qui s'effectua dans la direction de Pierre-Couverte et du Grand-Bonvallet.

Cette petite colonne appuya sa droite, par le 59e de ligne, à la 1re division du 16e corps; le 1er bataillon de l'Isère donna la main au 88e de mobiles, en se gardant parfaitement vers Vernon et Beaugency.

Nous arrivions à peine en ces lieux qu'un ordre nous enjoignit de revenir sur nos pas et de reprendre nos positions à Vernon. De retour dans ce village, vers dix heures et demie du soir, un ordre nouveau nous prescrivit de revenir au point d'où nous étions partis.

Le vice–amiral Jauréguiberry qui venait, nous a–t–on dit, d'ordonner ce mouvement, avait été alors prévenu de l'occupation de Beaugency ; ce qu'il n'avait pas voulu, tout d'abord, accepter comme un fait malheureusement accompli.

Ces marches et contre-marches s'effectuèrent d'autant plus péniblement, que la journée du 8 se passa également sans aucune distribution de vivres.

Pendant que le commandant Vial se trouvait chez le lieutenant-colonel Barille pour prendre ses ordres pour la nuit, un paysan fut introduit dans la ferme abandonnée qui lui servait de gîte. C'était encore le général du roi Guillaume qui voulait nous donner de ses nouvelles.

« Votre petite colonne est cernée, faisait-il dire à notre chef, rendez-vous ; demain il ne sera plus temps. Quant à Vernon nons le brûlerons. »

Le lieutenant-colonel Barille conserva jusqu'au jour le messager de l'officier allemand, et pour toute réponse engagea chacun de nous à prendre un instant de repos bien nécessaire.

« On ne fait pas une proposition semblable à une troupe qui s'est bravement battue, » ajouta le lieutenant-colonel Barrille, avant de se jeter sur un peu de paille où se reposaient déjà quelques officiers.

Grâce aux abris que les maisons de Vernon avaient offerts au 1er bataillon, ses pertes furent moins considérables qu'elles auraient pu l'être en combattant sur un terrain découvert ; 83 hommes seulement manquèrent à l'appel du lendemain. Sur ce nombre, il y eut six tués, quelques hommes disparurent.

Le lieutenant-colonel Gustin, fortement indisposé depuis quelques jours, dut quitter le champ de bataille de Vernon, dans la matinée, pour se rendre à Beaugency. Ce fut ainsi qu'il fut fait prisonnier.

Voyons maintenant le rôle du second bataillon pendant la journée du 8 décembre, dès que nous aurons conté un fait relatif au combat du 7, que nous avons oublié, parce que la 1re compagnie du 2e bataillon, capitaine Bouquet, de grand'garde à Cravant, n'avait pu rejoindre son bataillon.

Dès midi, le capitaine Bouquet fut vivement attaqué, au moment où un escadron de spahis, qui devait l'éclairer, se retirait avec quelque précipitation. Embusquée aux angles des maisons, derrière les haies des jardins, la 1re compagnie combattit bravement, et tint l'ennemi en respect pendant toute la journée.

Elle fut aidée dans cette défense par cent cinquante hommes d'infanterie des 33e et 46e régiments de marche, qui fuyaient et que le capitaine Bouquet avait ralliés.

Le soir, profitant de l'obscurité, cette compagnie, couvrant sa marche par une double ligne de tirailleurs, opéra sa retraite en bon ordre, mais sans trop savoir sur quel point se retirer. Après avoir erré pendant une partie de la nuit, elle fut assez heureuse pour arriver au campement occupé par le régiment ; et dans la matinée du 8 décembre, elle rejoignit le 2e bataillon de l'Isère qui était à gauche du 1er bataillon, près du village de Vernon.

Vers neuf heures du matin, le 2e bataillon, quoique toujours relié à Vernon, suivit un mouvement de front oblique exécuté par le 3e bataillon; et se plaça dans un pli de terrain, espèce de carrière, qui le couvrit.

Jusqu'à une heure de l'après-midi, le commandant Boutaud ne fut pas engagé bien sérieusement; si ce n'est que ses tirailleurs, entrés en action vers 10 heures du matin, échangèrent une fusillade avec l'ennemi, qui alors se tenait à distance. Mais, peu après, c'est-à-dire vers deux heures, l'ennemi tenta de tourner le 2e bataillon placé à l'extrémité de la ligne de bataille et dans la carrière que nous avons signalée.

Ce brave bataillon se porta à l'instant en avant et attaqua l'ennemi avec une extrême vigueur. Les hommes, pleins d'élan et malgré de nombreuses pertes, marchèrent en avant au pas de course. On se battit à quatre-vingts mètres. L'ennemi recula; et, pendant une heure, le bataillon gagna constamment du terrain. Mais l'ennemi augmentant, le 2e bataillon, à son tour, cessa d'avancer et se couvrit d'une nouvelle ligne de tirailleurs qui maintint l'ennemi jusqu'au soir.

Ce brillant fait d'armes avait, tout d'abord, fait subir des pertes considérables au 2e bataillon; son commandant, M. Boutaud, reçut une balle à la hanche et dut quitter le champ de bataille. Le capitaine Magnin fut blessé grièvement par un éclat d'obus (on le crut mort). Il en était de même de M. le lieutenant Guigues : une balle lui laboura et fracassa une partie de l'os de la cuisse. Le lieutenant Bouvard, les sous-lieutenants Monin et David, furent également blessés par des balles. M. Coindre, qui, plus tard, devait recevoir une blessure grave, eut l'épaule droite contusionnée par un éclat d'obus.

La 3e compagnie, surtout, fut admirable d'intrépidité. Enlevée par son brave capitaine, M. Charles Magnin, elle parcourut, au pas de course, au moins deux cents mètres, pour se mettre en ligne. Pendant le trajet, ses trois officiers et 60 hommes furent blessés, sans que ces pertes l'aient arrêtée.

Un fait regrettable se passait peu après : plusieurs officiers, entr'autres le capitaine Bouquet, surveillaient l'horizon. Ce dernier, armé d'une lunette, ayant aperçu une forte colonne sortant de Messas, se dirigeant sur Beaugency en suivant la voie ferrée, fit part de ses observations à un chef d'escadron d'artillerie qui commandait trois batteries établies à notre droite. Il ouvrait le feu lorsque le capitaine Boyer, de la 5e compagnie, qui avait pris le commandement du 2e bataillon, vint, en courant, dire qu'il avait reconnu cette colonne et que c'étaient des francs-tireurs et des matelots. Il y avait évidemment erreur, le capitaine Bouquet avait distingué les casques pointus de l'ennemi. En effet, il annonça bientôt sa présence en criblant le 2e bataillon et notre artillerie d'obus et de balles. Une demi-heure après, nos batteries durent cesser le feu.

Il était alors près de cinq heures du soir, et le 2e bataillon se battait toujours, lorsqu'il lui sembla voir le 3e bataillon en retraite. A son tour, il rompit, tout en tiraillant. Mais, sans ordre, où aller? Les officiers, réunis en conseil, sachant que la route de Beaugency n'était plus libre, voyant Vernon en feu, résolurent de se retirer dans la direction de Tavers. Ils suivaient cette direction, lorsqu'ils rencontrèrent de l'artillerie et un général qui les emmena à Mer, où ils arrivèrent vers minuit.

Ce bataillon, nous l'avons dit déjà, fut rudement

éprouvé : 40 hommes furent tués et 250 au moins furent mis hors de combat. La première, qui avait conservé à son effectif les soldats d'infanterie qu'elle avait ramenés de Cravant, eut, ponr sa part, près de 40 hommes hors de combat. Ajoutons que les fantassins de la ligne, qui combattirent dans nos rangs, eurent dix hommes tués, dès le début de l'action.

Le commandant Boutaud devait être fier de son bataillon. Tous, officiers et soldats, avaient noblement fait leur devoir.

Ainsi que nous le verrons en racontant ce que fit le 3e bataillon du régiment, vers 3 heures du matin, dans la nuit du 8 au 9, une alerte que personne ne s'expliqua, fit partir une partie du 2e bataillon et le 3e sur la route de Blois. Arrêtés près du Château de Menars, sur des ordres que le général Camô envoya au commandant du 3e bataillon ; les officiers du 2e bataillon l'ayant prévenu de ce mouvement intempestif, ces troupes rentrèrent à Mer.

Pendant que ceci s'exécutait, le capitaine Bouquet reçut l'ordre du général Camô de rassembler les traînards de tous corps qui encombraient Mer. Aidé d'une cinquantaine de gendarmes, on finit par parvenir à les réunir, et le capitaine Bouquet, un ingénieur civil, conséquemment connaissant l'art de remuer les terres, ébaucha de véritables fortifications passagères, destinées à défendre le château de Beaumont, position stratégique importante.

Le 2e bataillon coucha à Mer la nuit du 9 au 10, d'où il partit, avec le 3e bataillon, pour rejoindre le 1er bataillon et la partie de la colonne mobile de Tours, placée sous les ordres du général Trippart, qui remplaçait le général Camô, momentanément malade. Retournons à la bataille.

Le 3e bataillon, primitivement placé en avant et à gauche de Vernon, le 8 au matin, avait à sa droite le second bataillon, qui venait lui-même s'appuyer aux troupes dans Vernon. A midi, le commandant Cadot reçut l'ordre d'aller prendre position à l'extrême droite de la division, appuyant sa droite au chemin de fer d'Orléans à Blois. Derrière lui, se trouvaient les moulins de Longuereau et le hameau des Batteaux, traversés par la route conduisant à Beaugency ; en avant, une vaste plaine plantée de vignes s'étendait dans la direction de Messas ; sa gauche se reliait au 2e bataillon.

La 7e compagnie, capitaine du Terrail-Couvat, fut placée en observation pour se lier à d'autres corps de troupes, déjà aux prises avec l'ennemi.

A peine le commandant Cadot avait-il pris ses dispositions de combat, qu'il vit s'avancer, marchant par le flanc, une colonne allemande qui dissimulait ses mouvements derrière quelques bouquets d'arbres ; elle débouchait de l'extrême gauche de Messas. Le commandant fit aussitôt déployer en tirailleurs deux compagnies, les 1re et 4e, capitaines Roche et Baronnat.

Dès que l'ennemi se sentit à portée de nos chassepots, il fit front et s'avança en bataille sur nos troupes. Le feu s'engagea aussitôt, de part et d'autre, par une fusillade très-vive et très-précipitée. L'Allemand, plus nombreux, faisait des feux de pelotons auxquels nos tirailleurs, tirant sur des masses, répondaient avec succès.

L'ennemi discontinua son mouvement en avant.

Bientôt, une fâcheuse erreur, semblable à celle qui s'était produite au 2e bataillon, circula dans les rangs du 3e.

Le capitaine Roche, ayant cru avoir devant lui des troupes françaises, en prévint le commandant, qui ordonna de cesser le feu, et fit replier ses troupes de quelques mètres, pour les dissimuler derrière un pli de terrain couronnant des carrières. Mais le commandant Cadot, habitué à la guerre, s'étant aperçu de l'erreur où il avait été induit, reporta promptement en avant son bataillon, qui, du reste, avait conservé un excellent ordre : le feu recommença de nouveau énergiquement.

A ce moment, le lieutenant-colonel Barille, ayant donné de nouveaux ordres au commandant Cadot, les 2e, 3e et 6e compagnies, lieutenant Dupont-Delporte, capitaines Frachon et de Marcieu, déployèrent également leurs compagnies en tirailleurs, dans les vignes. La 5e, commandée par le sous-lieutenant Masse, en l'absence du capitaine Laurent et du lieutenant Simian, fut placée en potence sur la droite, et chargée d'occuper la voie ferrée, dont les Prussiens cherchaient à s'emparer afin de nous tourner. Le feu redoubla alors avec violence sur le front de toute la ligne ; notre résistance fut héroïque. Les mobiles eurent si belle contenance que l'ennemi ne put entamer leurs positions, ni les faire reculer.

Sur la voie ferrée, la lutte devint peu après très-vive. Le sous-lieutenant Masse avait d'abord combattu, couvert par le renflement de la ligne du chemin de fer ; bientôt il dut la dépasser. Pendant qu'il s'avançait, il fut vigoureusement attaqué par une troupe assez considérable qui venait de Beaugency. La 5e tint bon, et pendant quelque temps elle eut à supporter une très-vive fusillade, soit de la part de la troupe qui était en face d'elle, soit de la part de la colonne venant de Beaugency. Les hommes de cette compagnie firent preuve d'un grand courage ; deux furent tués. Il y eut près de vingt blessés, et une escouade entière fut enlevée par l'ennemi.

Enfin, sur l'ordre du capitaine Frachon, cette valeureuse compagnie dut reprendre ses anciennes positions, pour donner le temps aux troupes qui combattaient toujours de se replier sur le village des Bateaux; la position devenait difficile. Attaqué vigoureusement de front, le bataillon allait être aussi pris en flanc et par derrière, perdant ainsi sa ligne de retraite.

On venait de voir également une batterie d'artillerie française suivant au galop la route de Beaugency; c'était inquiétant.

Le commandant Cadot s'aperçut promptement que la situation devenait critique. En effet, la route conduisant à Beaugency était impraticable, puisque les Prussiens avaient été vus sur cette route et qu'on ne connaissait pas d'autre issue pour sortir du hameau des Batteaux, où le bataillon s'était retiré; retourner aux positions qu'il venait de quitter eût été imprudent, puisque nos derrières y étaient menacés. Il y eut alors un moment de vive angoisse : on se crut cerné. Ce fait parut encore plus certain quand on vit arriver la 4e compagnie du 1er bataillon, qui assura n'avoir pu rejoindre le commandant Vial.

Le commandant ordonna de mettre la baïonnette au canon pour essayer de se faire jour, la position s'aggravant encore par le bombardement de ce hameau, sur lequel l'ennemi fit pleuvoir une grêle de projectiles, dès qu'il se fut aperçu que le bataillon s'y était réfugié. Heureusement, on finit par trouver un petit chemin encaissé, au bas duquel coulait un ruisseau ; et le bataillon défila sur ce point, y passant, pour ainsi dire, homme par homme, sous une nuée de projectiles, malheureusement fort bien dirigés.

Si l'on était resté un peu plus dans ce véritable entonnoir, le 3e bataillon aurait, à peu près, perdu son effectif.

Enfin, on parvint à passer cette petite rivière qui arrose le hameau des Batteaux. Parvenu sur la rive opposée, on put se couvrir derrière quelques bois longeant ce cours d'eau.

Des tirailleurs s'y embusquèrent; mais l'ennemi ayant arrêté son feu, le bataillon se rendit sur l'armée de réserve où se trouvait, entr'autres de la grosse cavalerie et un régiment de mobiles, le 88e probablement.

Le 3e bataillon continua sa retraite jusqu'à Mer, sur l'ordre du général Camô, que le commandant

Cadot avait vu dans une ferme située près du lieu où se trouvaient les troupes de réserve. En arrivant dans cette ville, il y trouva le 2e bataillon.

Les pertes du 3e bataillon furent de 13 hommes tués, 97 blessés et une cinquantaine de disparus. Ainsi, le régiment eut, dans cette mémorable bataille, 7 officiers blessés, 59 hommes tués et 490 blessés, y compris quelques disparus. Tous, officiers et soldats, avaient fait bravement leur devoir.

Le lieutenant-colonel Vial regrette de ne pouvoir citer, comme il l'a fait pour le 1er bataillon, lors du combat du 7 décembre, les soldats et les officiers des 2e et 3e bataillons qui se conduisirent avec vaillance dans ces journées. Il fait oberver que, lors des journées de Beaugency, il n'avait pas encore le commandement du 27e régiment de mobiles de l'Isère, et que quelques jours après tous les chefs de bataillons furent changés. Ces changements ont empêché le lieutenant-colonel de se procurer des renseignements certains sur les actes particuliers de bravoure des officiers et soldats des deux bataillons dont il s'agit ; néanmoins, il cita plus tard quelques-uns d'entr'eux.

Les 2e, 3e bataillons et la 4e compagnie du 1er se trouvèreut donc, par la force des choses, séparés du 1er bataillon, fait qui s'explique par l'absence de tout ordre du général commandant la colonne mobile de Tours; qui, ayant fait une chute de cheval, ne put conserver dans sa main la direction des différents corps qu'il commandait.

Nous allons expliquer ce que cette fraction du 27e régiment de mobiles fit du 8 au 11 décembre, époque à laquelle elle put de nouveau se réunir au 1er bataillon et à la partie de la colonne mobile de Tours qui fut placée sous les ordres directs du général Trippart, pendant les journées des 9 et 10 décembre.

Arrivées à Mer vers le milieu de la nuit, les troupes du 27e régiment de mobiles, sous les ordres du commandant Cadot, furent fort désappointées de n'y pas trouver de vivres ce dont ils étaient privés depuis deux jours; les soldats se couchèrent exténués de fatigues, mais leur repos ne fut pas de longue durée. En effet, à peine étaient-ils couchés, que le bruit se répandit que l'armée prussienne arrivait par la rive gauche de la Loire et marchait sur Blois, où elle pouvait nous précéder.

Le commandant Cadot, énergiquement secondé par le capitaine Frachon, s'efforça de réunir les deux bataillons pour prendre la direction de Blois, afin d'échapper une deuxième fois à l'ennemi.

Le rassemblement des hommes fut bien pénible; mais, enfin, on parvint à en réunir une partie, et vers 3 heures du matin on arriva tant bien que mal au château de Ménard. Quelques heures après, on apprenait avec surprise par le capitaine de Courtenay, du 2e bataillon, que cette marche forcée, imposée aux hommes, était une fatigue inutile. Le capitaine de Courtenay apportait l'ordre de retourner à Mer. Les hommes prirent quelque repos, reçurent des vivres et se remirent en marche. Ils arrivèrent à Mer dans la matinée du 10, et partirent quelques heures après pour le château de Beaumont, où des travaux de défense étaient exécutés. Ils y rejoignirent les travailleurs des capitaines Bouquet et Roche.

La 4e compagnie du 1er, les 2e et 3e bataillons du 2e régiment de mobiles de l'Isère couchèrent au château de Beaumont.

Le 11 décembre, dans l'après-midi, ces troupes reçurent l'ordre de se rendre près du village de Lussay, où elles rejoignirent le 1er bataillon et le reste de la colonne mobile de Tours, dont le général Camô avait repris le commandement.

Revenons au 1er bataillon.

Le 9, dès la première heure de la matinée, le commandant Vial apprit que les troupes sous les ordres du lieutenant-colonel Barille, du 59e de ligne, étaient placées sous les ordres du général Trippart, qui avait mission de reprendre Beaugency. Ce mouvement devait commencer par les troupes bivouaquées en avant de Tavers. Celles sous les ordres du lieutenant-colonel Barille se mettaient à peine en marche, qu'un ordre arriva nous prescrivant de nous rabattre sur Travers.

La 3e compagnie, capitaine Lentz, devait assurer notre retraite. Déjà, la 1re division du 16e corps, sur laquelle notre gauche s'appuyait, avait fait un mouvement en arrière pour servir de soutien aux troupes du général Trippart placées du ravin de Tavers à la Loire.

Le capitaine Lentz avait sa compagnie en tirailleurs, lorsque notre mouvement sur Tavers se prononça, et pendant que la 1re division du 16e corps faisait un mouvement pour combler le vide existant du point qu'elle quittait aux troupes du général Trippart, il se trouva tout à coup fortement attaqué.

Nos tirailleurs étaient dans des mains énergiques. Toute la journée cette compagnie combattit avec une rare intrépidité. Elle fut superbe d'impétuosité sous un feu terrible de mousqueterie et d'artillerie, auquel elle prit part par suite d'un mouvement qu'elle fit en avant, ce qui ne lui permit plus de rejoindre son bataillon. Elle eut 5 hommes tués et 9 blessés, et ne rentra à son bataillon que dans la journée du 10.

Le 1er bataillon de l'Isère arriva à Tavers, vers onze heures du matin, et fut placé à l'aqueduc du chemin de fer, que le général désigna au commandant Vial comme le point qu'il devait défendre.

De ce point partait un profond ravin boisé et accidenté, allant aboutir, à deux kilomètres plus loin, à une grande ferme portant le nom de la Feularde.

Le 59e de ligne devait surveiller la rive gauche de ce ravin, et conséquemment le 1er bataillon de l'Isère la rive droite, qui, de l'aqueduc à cette ferme, est bordée de plusieurs amas de maisons, entre autres le hameau où se trouvent les moulins de Pompière, la ferme du Veau, etc.

Les 2e et 5e, lieutenant Pilot de Thorey, capitaine Brun, reçurent l'ordre de déployer leurs compagnies sur le flanc droit de ce ravin. La gauche, où se trouvait la 5e, s'appuyait près de l'aqueduc, et la droite de la 2e se développait obliquement, comme pour se rapprocher de la ferme du Veau, afin de maintenir l'ennemi, qui combattait énergiquement, dans la direction et au-delà de la ferme de la Feularde.

Les 1re, 6e et 7e, bien abritées par le ravin, devaient servir de troupe de soutien à nos tirailleurs, qui eurent d'abord à répondre à une fusillade insignifiante, l'ennemi s'avançant avec circonspection, en raison du temps très-sombre qui couvrait l'horizon.

Sur notre gauche, un violent combat où dominaient le bruit du canon et la crépitation des mitrailleuses se faisait entendre avec une rare intensité. Les batteries d'artillerie et les mitrailleuses du général Trippart, savamment dissimulées et bien épaulées, gardaient encore le silence.

Tout à coup, sur les quatre heures du soir, le général, s'étant aperçu de la marche en avant de l'ennemi sur nos positions, fit ouvrir sur lui un feu terrible qui, soit par le canon, soit par les mitrailleuses, le prenait en écharpe et broyait les Allemands : on les voyait rejoindre à grands pas la partie du ravin située en avant de la ferme du Veau, pour s'abriter derrière celle de la Feularde.

Les tirailleurs du 59e de ligne et du 1er bataillon de l'Isère s'avancèrent alors et firent subir aux troupes allemandes, entr'autres aux 75e et 76e Poméraniens, des pertes qui les rejetèrent franchement loin de leur premier champ de bataille.

La nuit étant alors complétement arrivée (sept heures du soir), des grand'gardes furent établies.

Le 1er bataillon envoya la 5e, capitaine Brun, se placer en avant de Tavers, sur la route de Beaugency, où elle rencontra une compagnie du régiment de gendarmerie à pied et une du 16e bataillon de chasseurs à pied, lesquelles devaient aussi nous rassurer contre tout mouvement offensif de l'ennemi, qui, du reste, fortement éprouvé, ne nous inquiéta en aucune façon.

Les pertes de cette fraction du 1er bataillon furent insignifiantes. Elle eut un homme tué et six blessés.

On coucha à Tavers.

Un ordre du jour du général Trippart, daté du 11 décembre, félicita les troupes de leur sang-froid : « quoique jeunes et ayant fait peu d'exercices, elles se sont très-bien battues, » disait-il.

Le 10 au matin, à la pointe du jour, le 1er bataillon reçut ordre de se rendre à la ferme de la Feularde, avec mission de la garder et de faire évacuer les nombreux blessés ennemis se trouvant sur ce point et sur ceux environnants.

En arrivant à la ferme, le bataillon eut sous les yeux un triste spectacle. Tous les coins de ce vaste emplacement étaient occupés par de malheureux blessés gisant sur la paille et même sur le terrain recouvert de neige. Des morts encombraient tous les chemins y aboutissant, et une grande quantité d'armes prussiennes avaient été abandonnées.

Pendant que le commandant Vial faisait procéder à l'évacuation des blessés et à la destruction des armes ennemies, il reçut enfin l'heureuse nouvelle qu'une distribution de vivres allait être faite à sa troupe, en avant de Mer, près Tavers.

La distribution se fit lestement ; on se ravitailla aussi en munitions.

Il était temps que ces choses se fissent, car les munitions étaient épuisées, et aucune distribution de vivres n'avait eu lieu depuis le 6 décembre. Malheureusement, on ne put recevoir les deux jours de vivres de réserve, en raison de l'éloignement du lieu des distributions, et aussi à cause du nombre de troupes à servir.

La journée du 10 s'écoula, pour ainsi dire, sans incident. Nos grand'gardes, fournies par les 6e et 7e compagnies, sous-lieutenant Sestier et capitaine Peyron, éclairées au loin par des sentinelles volantes, n'échangèrent que de rares coups de fusil contre les uhlans. Un seul homme de la 6e fut légèrement blessé.

Nous passâmes la nuit, à la ferme de la Feularde, dans d'assez bonnes conditions.

Le 11, vers midi, le 1er bataillon de l'Isère reçut l'ordre de se rendre à Tavers, d'où nous partîmes aussitôt, nous dirigeant sur Séris et Avaray.

Les troupes marchaient en bataille.

Le 59e de ligne, sa droite à la 1re division du 16e corps; à sa gauche, le 1er bataillon de l'Isère. Le régiment de gendarmerie à pied se prolongeait également sur cette ligne de bataille.

L'artillerie marchait entre les intervalles formés par l'Isère et le 59e d'un côté, et l'Isère et la gendarmerie, de l'autre.

La cavalerie du général Trippart surveillait au loin, en arrière et vers la Loire, les mouvements de l'ennemi.

Les bagages nous précédaient au loin et en avant de notre ligne, en suivant les routes.

La retraite s'effectuait sans être inquiétée; les hommes marchant péniblement à travers les terres détrempées par le dégel et la pluie, lorsque le canon se fit entendre sur notre droite : c'était l'ennemi qui saluait notre retraite.

L'artillerie d'une division d'infanterie placée à notre droite, et une pièce ou deux de la colonne mobile de Tours lui répondirent, et le feu cessa. Quelques obus tombèrent dans nos rangs ; trois hommes furent blessés. Le 59ᵉ de marche fut un peu plus maltraité.

A quatre heures et demie de l'après-midi, nous aurivâmes au bivouac que nous devions occuper, les troupes conservant leur rang de bataille, et s'étendant, en arrière de Lassay, jusqu'à la Loire, où bivouaquaient les troupes du général Trippart.

Quelques instants après, arrivèrent les 2ᵉ et 3ᵉ bataillons du 27ᵉ régiment de mobiles et la 4ᵉ compagnie, capitaine de Maximy, qui rejoignit le 1ᵉʳ bataillon.

Cette compagnie désignée de grand'garde fut placée à droite de la ligne du chemin de fer et en avant d'un passage à niveau.

La 5ᵉ du 2ᵉ bataillon, capitaine Boyer, alla en

grand'garde dans une immense ferme, située sur un mamelon assez élevé. Les 1re et 7e du 3e bataillon, capitaines Roche et du Terrail-Couvat, couvraient le reste du front du régiment.

Le général Camô, à peu près rétabli, reprit le commandement de la colonne mobile de Tours.

Le 27e régiment provisoire d'infanterie de la mobile de l'Isère se trouvant réuni, le chef de bataillon Cadot en prit le commandement. Cette heureuse réunion des trois bataillons ne devait pas être de longue durée. En effet, le 16 décembre, après la bataille de Vendôme, l'indisposition subite du général Camô faisant de nouveau passer la colonne mobile de Tours sous le commandement du général Bourdillon, les ordres de la retraite furent mal donnés, et cinq compagnies du 2e bataillon, le 3e entier, se trouvèrent encore séparés de la colonne.

Les Dauphinois se revirent avec une joie véritable : on avait tant de choses à se dire, après une bataille de quatre jours ! — Ne fallait-il pas parler des braves que nous ne verrions plus ?.... Pauvres victimes du ténébreux héros du Deux

Décembre, de l'homme de Sédan; de celui que les honnêtes gens ont toujours cloué au pilori des infâmes, et dont l'histoire ne se rappellera que pour maudire les Bonaparte : ces destructeurs de toute morale, ces corrupteurs de tout sens humain, ces.... tueurs d'hommes !

Malgré nos fatigues, la nuit se passa en causeries intimes, peu bruyantes : on était honteux de quitter les rives de la Loire sans avoir été vaincu. Il est vrai, nous n'avions pas refoulé l'ennemi ; mais, chaque jour, n'avions-nous pas reposé nos membres brisés de fatigues sur les divers champs de bataille où nous avions combattus ?

Qui donc nous forçait à la retraite ?

Hélas ! quelques-uns d'entre nous le devinèrent : c'était l'immobilité de l'armée en formation à Bourges.

Notre rencontre fut donc triste, et après les marches qui se succédèrent, il fallut. pour remonter le moral des troupes, les éloges que le 27e régiment de mobiles de l'Isère reçut de ses chefs directs, qui surent apprécier sa valeureuse conduite dans les combats auxquels il avait pris part, plus meurtriers pour l'ennemi que du côté des défenseurs de notre noble et malheureuse Patrie. Notre général en chef, nous le sûmes plus tard, devait confirmer, par un ordre du jour, la belle conduite de notre régiment : c'est un titre de noblesse qui ne doit pas nous énorgueillir, mais qui n'en reste pas moins précieux pour nous.

La nuit du 11 au 12 fut tranquille, mais les hommes venant de Tavers furent désagréablement surpris de ne pas recevoir le complément de leurs vivres.

La journée du 12 devait aussi se passer sans distribution.

Les wagons ou les voitures chargés de vivres, partis soit de Tavers, soit de Mer, au lieu de s'arrêter près de nos bivouacs s'étaient rendus : les wagons à Vendôme et les voitures à ou près Selommes ; de sorte que nos distributions ne recommencèrent que le 13 décembre.

Cet état de choses devait avoir un triste dénouement; nous allons le conter en parlant de l'effroyable journée de marche du 12 au 13.

IV

Du 12 décembre 1870 au 3 janvier 1871

Retraite sur Vendôme. — Bataille de Vendôme. — Retraite sur le Mans et séjour à Changé.

Le 12 décembre, nos hommes, prévenus que la journée serait rude, avaient pris le café, lorsqu'à six heures du matin notre mouvement de retraite recommença.

Les troupes conservèrent le même ordre de marche, sauf l'intercalation, à leur ordre de bataille, des 2e et 3e bataillons de notre régiment qui, comme les autres, devait marcher en colonne serrée, chaque bataillon conservant son intervalle de déploiement ; une batterie d'artillerie marchait entre les 1er et 2e bataillons de l'Isère.

La pluie tombée une partie de la nuit avait détrempé les terres labourées que nous suivions, d'une telle façon que l'on n'avançait que très-péniblement. Les troupes, espacées sur une immense et même ligne étaient obligées tantôt d'appuyer à gauche ou à droite pour ne pas perdre leurs intervalles, tantôt de s'arrêter pour attendre celles que des accidents de terrain retardaient.

Les hommes cheminaient sans murmures. Un silence morne, pronostic fâcheux, faisait comprendre aux chefs que cette marche était au-dessus des forces de leurs soldats. Ils étaient très-perplexes, car les encouragements, les bonnes paroles ne pouvaient suppléer aux forces qui manquaient. On ne marchait pas sur du terrain, mais bien dans une boue gluante ou à chaque pas l'on s'enfonçait profondément.

Le commandant Vial, sans cheval depuis deux jours, se rappellera longtemps ce qu'est une marche semblable de dix-huit heures.

Nous venions à peine de dépasser un château,

situé sur un monticule élevé et boisé, que nous dûmes nous arrêter pendant une grande heure, pour laisser défiler de nombreuses voitures qui traversaient la route que nous devions à notre tour franchir pour arriver à la chapelle Saint-Martin.

On respira un peu, puis l'on se remit en marche. Dès lors, et jusqu'à Maves, on ne marcha plus ; on se traîna. Et les pauvres soldats exténués, bien qu'ils comprissent qu'en restant en arrière ils devaient nécessairement tomber entre les mains de l'ennemi, s'arrêtaient derrière chaque bouquet d'arbres, chaque pli de terrain ou dans les rares maisons qui dominent la plaine à l'extrémité de laquelle s'aperçoit Maves.

Enfin, vers quatre heures du soir on arriva à ce bourg et on alla s'établir en arrière des maisons, dans un immense pli de terrain. Sur notre gauche étaient les marais de Maves.

Les tentes étaient à peine dressées, les hommes n'avaient pas encore eu le temps de se procurer quelques vivres, que la fusillade s'engagea en avant de nous, entre la cavalerie française et celle de l'ennemi, qui venait de mettre la main sur un nombre assez considérable de traînards de tous corps.

Le 27e régiment eut ainsi une trentaine de malheureux mobiles d'enlevés.

Ils ne se laissèrent cependant pas tous prendre sans essayer de résister. Un fait accompli par un caporal de la 7e compagnie du 2e bataillon, lui fait trop d'honneur pour qu'on ne le relate pas ici.

Entre Maves et Pontijoux, exténués de fatigues, les pieds endoloris, ce caporal et deux hommes de son escouade s'étaient arrêtés dans une maison d'un village à moitié brûlé.

Ils prenaient quelque repos, lorsque Billard, ainsi il se nomme, fut réveillé par le galop de chevaux fuyant dans la direction de Vendôme : c'étaient des spahis se dérobant à un parti de cavalerie ennemie arrivant dans ce village. Aussitôt, Billard donne l'alarme, réveille tout ce qu'il rencontre dans la maison, et à la tête de quelques hommes de tous corps, bat en retraite. Tout à coup, il aperçoit arrivant à lui les cavaliers ennemis ; mais déjà il avait eu le temps de disposer ses hommes sur un des côtés de la route, où ils se dissimulèrent comme ils purent. Les ulhans passent devant eux et une vive fusillade partie des rangs de cette petite troupe blesse quelques hommes et des chevaux. A ces coups de feu, le reste de l'escadron de l'ennemi accourt ; nos braves soldats sont cernés et forcés de se rendre, sauf un ou deux d'entr'eux qui, plus heureux, purent s'esquiver à la faveur de l'obscurité et de la nuit.

Reprenons notre récit.

La fusillade inquiétante qui se faisait entendre en avant de Maves fit qu'on nous ordonna de lever le camp et de partir dans la direction de Pontijoux ; et cela presque toujours à travers champs, par une nuit noire et sous une pluie battante.

Arrivés à l'embranchement de la route, qui de Pontijoux mène à Oucques, un nombre assez considérable de nos hommes, heureux de se trouver enfin sur une route battue, prirent cette direction. A partir de ce point, il faut renoncer à décrire cette lugubre marche de nuit : chaque tas de pierres était littéralement couvert d'hommes exténués qui s'y étendaient. On ne pouvait les faire lever.

Les chefs s'empressèrent alors de faire abriter les hommes qui voulaient bien écouter leur voix : ce ne fut plus un cantonnement régulier, mais bien un pêle-mêle de soldats de tous corps qui se couchèrent n'importe où ils s'arrêtaient.

Le commandant Cadot et le commandant Vial, vers deux heures du matin, furent assez heureux pour pouvoir à leur tour s'abriter chez de pauvres et braves gens qui leur cédèrent leur lit.

Bientôt couchés côte à côte, tout habillés, étendus sur un pauvre grabat, ils purent goûter un repos de trois heures, souvent interrompu, cependant, par des rondes qu'ils firent dans ce misérable village pour savoir si l'ennemi ne venait pas les y surprendre.

Vers cinq heures du matin, le commandant Cadot s'étant aperçu que des hommes partaient sans ordre, sans attendre le réveil ni l'heure du départ qui avait été indiquée la veille, s'empressa de réunir le peu de troupes qu'il put rassembler et désigna les officiers les plus ingambes pour faire suivre les retardataires. Le commandant Vial reçut l'ordre de partir en avant et d'aller même jusqu'à Vendôme, s'il le fallait, pour faire arrêter les mobiles qui, sans doute, se disposaient à entrer dans cette ville, par petits groupes. Bref, vers une heure de l'après-midi, dans la journée du 13, le régiment se trouva presque au complet, réuni à Vendôme.

Les diverses distributions furent aussitôt organisées, et sur les cinq heures du soir le régiment partait, par une pluie diluvienne, pour Sainte-Anne, village situé à six kilomètres en avant de Vendôme et à droite de la route conduisant à Blois. On y arriva à nuit close.

Sainte-Anne ne fut pas pour nous un lieu de délice; quelques maisons seulement purent abriter une centaine de nos soldats. Le reste fut bivouaqué dans un terrain représentant un lac boueux.

Les hommes passèrent littéralement la nuit du 13 au 14 debout et courant dans toutes les directions pour se sortir de la mare où ils barbottaient.

L'artillerie, qui devait être en batterie pour défendre à l'ennemi l'approche de Vendôme, ne put se placer : chevaux, caissons, affûts restèrent embourbés, là où les artilleurs avaient eu la fâcheuse idée de quitter la route pour prendre position.

La pluie cessa dans la journée du 14, ce qui permit aux hommes de se reconnaître et de chercher quelque amélioration à leur sort.

Quoi qu'il en soit, il faut avouer que les choses pénibles que nous venons de raconter ne peuvent être imputées à nos généraux, ni au commandant en chef de l'armée ; telle circonstance commandant impérieusement à leurs actes.

En effet, si les hommes souffrirent à Sainte-Anne, ce village était admirablement situé pour défendre la route de Blois et pour empêcher l'ennemi de venir s'installer dans les bois placés sur la rive droite de la Houssée, rivière fort encaissée qui peut permettre à un ennemi audacieux d'arriver tout près de Vendôme.

On passa la nuit du 14 au 15 au même lieu.

Il est impossible au narrateur de pouvoir donner l'emplacement des troupes sur lesquelles le

27e régiment de mobiles de l'Isère devait s'appuyer : nous le retrouverons le 15.

Dans la matinée de cette journée (15 décembre), nous reçûmes la nouvelle de quelques promotions pour compléter les cadres qui allaient de jour en jour en diminuant. Ce fut le prélude d'une mesure plus radicale et nécessaire, qui ordonna de faire remplacer tous les officiers qui s'absentaient de leurs corps pour cause de maladie ou autre cas.

Le régiment apprit avec plaisir ces nominations, telles que celle de l'adjudant-major Henri Billion du Plan et celle du lieutenant Dupont-Delporte ; ils méritaient depuis longtemps la double épaulette de capitaine.

Le 15 décembre, vers 10 heures du matin, les troupes bivouaquées à Sainte-Anne reçurent l'ordre de se transporter de l'autre côté du Loir, pour s'établir entre Huchepie et les Tuileries. Le régiment était déjà engagé au milieu d'une grande rue de Vendôme aboutissant à un pont sur le Loir, lorsque l'artillerie, le 59e de ligne et le commandant Cadot reçurent l'ordre de rebrousser chemin pour se rendre au Temple, où se trouvait déjà la brigade Bourdillon. Ils y arrivèrent bientôt.

Le 27e régiment de mobiles de l'Isère fut déployé à la gauche du 59e de ligne, qui était à cheval sur la route de Blois. Le 1er bataillon de l'Isère resta sur le plateau du Temple comme soutien de l'artillerie — on aurait dit que c'était sa place irrévocable. Le 3e bataillon s'étendit vers le village de la Chappe, où il donna la main au régiment de gendarmerie à pied, embusqué dans la ferme de la Bretonnerie. Le 2e bataillon, en réserve sous les ordres du capitaine Boyer, fut placé en arrière des positions du 3e.

Les troupes aux ordres du général Bourdillon, y compris le 16e bataillon de chasseurs à pied, étaient placées à droite.

Le terrain sur lequel le régiment allait combattre était un vaste plan incliné, s'étendant du plateau du Temple à la Houssée. Il se trouvait cependant dans cette vaste étendue quelques plis de terrain et des bois. En face des positions occupées par le 3e bataillon était un bois, appelé le Tertre-Rouge dans lequel était couchée l'infanterie prussienne du troisième corps. L'ennemi occupait encore un bois assez considérable à notre gauche, en avant et en arrière de la Houssée.

Vers deux heures de l'après-midi, le feu commença par une vive et impétueuse canonnade, à laquelle nos batteries répondirent avec vigueur.

Le 1er bataillon, soutien de l'artillerie, eut d'abord un rôle tout-à-fait passif, restant ferme, impassible et l'arme au pied, sous une grêle d'obus qui, heureusement, ne l'atteignirent pas souvent.

L'infanterie ennemie s'étant approchée de la gauche du 59e, conséquemment près de la droite du 1er bataillon de l'Isère, le commandant Vial reçut l'ordre d'envoyer une compagnie en tirailleurs : ce fut la 4e, capitaine de Maximy. Nos mobiles se joignant alors aux tirailleurs du 59e, marchant bravement en avant, obligèrent l'ennemi à cesser son mouvement ; et ils le rejetèrent sur notre aile droite, qui l'accueillit si vigoureusement, qu'il dut se retirer avec quelque désordre.

Pendant ce mouvement de recul de l'ennemi, il se présenta une belle occasion d'enlever une batterie prussienne que sa troupe de soutien paraissait avoir abandonnée. Le commandant Vial se présenta au général pour lui demander l'autorisation de faire ce coup de main ; celui-ci lui répondit qu'il ne doutait pas de la valeur des mobiles de l'Isère, mais qu'il ne pouvait autoriser ce mouvement, une opération semblable se préparant pour la gauche du régiment.

Jusqu'à nuit close, la canonnade, la fusillade continuèrent sans interruption. L'artillerie que le 1er bataillon de l'Isère soutenait fut surtout admirable d'entrain : marchant en avant d'elle sur la route de Blois, elle criblait de ses projectiles l'infanterie prussienne, également fort éprouvée par nos mitrailleuses et nos chassepots.

Le 1er bataillon n'eut qu'une douzaine d'hommes de blessés dont deux grièvement par des éclats d'obus.

A la gauche du 1er bataillon, le 3e du même régiment de l'Isère était fortement engagé.

Dès qu'il fut arrivé dans la position indiquée

plus haut, il se déploya tout entier en tirailleurs et engagea un feu très-vif avec les Allemands cachés dans un bois qui se trouvait en face d'eux.

Les mobiles montrèrent ce jour-là un entrain véritablement remarquable ; à peine le feu commençait-il, qu'ils gagnaient une étendue de terrain considérable et obligeaient les Prussiens à se retirer à travers bois.

Le 3e bataillon de l'Isère arriva ainsi jusqu'à un ravin qui partageait en deux parties le vaste plan dont nous avons parlé. Parvenu à ce point, il s'arrêta quelques instants sans cesser de tirailler avec l'ennemi. Il fut alors rejoint par le commandant Sénault, de l'état-major, qui ordonna au commandant de ce bataillon de tenter un mouvement tournant sur la droite de l'ennemi[1], afin de s'emparer des batteries d'artillerie prusienne qui faisaient beaucoup de mal à notre artillerie : celle placée en avant du plateau du Temple.

Le commandant du bataillon, capitaine Frachon, ordonna au sous-lieutenant Masse d'aller, avec une partie de sa compagnie, fouiller le bois qui était à sa gauche, et lui-même se porta en avant avec le reste du bataillon.

Les Allemands se replièrent en toute hâte, sans même essayer de résister, mais non sans avoir à supporter les feux du 3e bataillon. Ce bataillon parvint bientôt au Tertre-Rouge qu'il occupa. Il y fut rejoint par la fraction de la 5e compagnie envoyée en reconnaissance. A ce moment le feu avait complètement cessé du côté de l'ennemi, qui était presque hors de la portée de nos fusils. Il eût été facile au bataillon de le poursuivre. Peut-être même pouvait-on se jeter à l'improviste sur les canons ennemis et les enlever. Malheureusement, au moment où l'on commandait de marcher en avant, un officier d'état-major vint lui apporter l'ordre de battre en retraite.

Le 3e bataillon se replia alors sur les positions du 2e bataillon, où il retrouva le commandant Sénault. Celui-ci se montra fort étonné de notre retraite, qu'il n'avait, disait-il, nullement autorisée. Il en exprima toute sa surprise, affirmant n'avoir envoyé aucun ordre de retraite et de ne pas savoir quel était l'officier qui avait pu prendre sur lui de donner un pareil ordre (1).

La nuit était arrivée. Le capitaine Frachon se dirigea sur Vendôme en passant par le village du Temple. En arrivant sur ce plateau, le 3e bataillon rejoignit le commandant Cadot. Cet officier supérieur arrêta cette retraite, et lui apprit que le 3e bataillon, tout entier, devait être de grand'garde pendant la nuit.

Une partie de ce bataillon (1re, 6e et 7e compagnies) resta sur le plateau du Temple et fut sous les ordres du capitaine Roche ; une autre partie (2e, 3e, 4e et 5e), se rendit au village de la Chappe.

Cette fraction du bataillon, en arrivant dans le village qu'elle devait garder, entendit une fusil-

(1) Le point n'est pas discutable, l'ordre de cette retraite a été donné au commandant du 3e bataillon. Sans ce malencontreux incident, les pièces d'artillerie que le commandant Vial avait déjà voulu faire enlever, tombaient au pouvoir du capitaine Frachon. Des ordres semblables devraient toujours se donner par écrit. Cette prise de canons aurait été une belle page dans l'historique du régiment, et elle aurait réussie : tout le prouvait.

lade très-vive du côté de la ferme de la Bretonnerie, où était la gendarmerie.

Le capitaine Frachon se hâta de placer ses grand'gardes. La 5e compagnie, sous les ordres du sous-lieutenant Masse, fut déployée en tirailleurs à droite du village. La 4e et la 2e, lieutenant Combaud, capitaine Dspont-Delporte, s'étendirent entre le village et le Loir. La 3e compagnie resta à la Chappe.

A peine ses ordres étaient-ils donnés, le capitaine Frachon vit venir à lui quelques gendarmes qui lui apprirent que la ferme de la Bretonnerie était au pouvoir des Prussiens.

Le lieutenant de Combaud était parti pour aller occuper son poste de grand'garde sans connaître ce dernier fait. Il se dirigea avec ses hommes vers cette ferme.

En entrant dans la cour, il entendit deux individus qui parlaient allemand. Il recommanda le silence à ses hommes et leur fit cerner la ferme de la Bretonnerie. Il se dirigea ensuite vers la maison d'habitation avec quelques hommes et fut assez heureux pour mettre la main sur un officier prussien et deux soldats; quelques autres ennemis qui se trouvaient dans cette ferme s'enfuirent à la faveur de la nuit.

Les pertes du 3e bataillon furent peu considérables; il y eut quinze hommes hors de combat.

Telle fut la journée de Vendôme pour le 27e régiment de mobiles de l'Isère; grandiose bataille où l'artillerie et les mitrailleuses jouèrent le principal rôle, broyant une partie de l'armée prussienne, qui se replia en désordre sur les positions qu'elle venait de quitter, pour attendre le gros de l'armée du prince Charles (1).

Les 1er et 2e bataillons, après avoir pourvu à leur sécurité en établissant deux compagnies de grand'garde, la 1re du 1er bataillon et la 2e du 2e, à l'embranchement des routes de Tours et de Blois, passèrent la nuit dans les maisons, la plupart abandonnées, du village du Temple; plus fa-

(1) Il est à remarquer que l'infanterie prussienne fut partout repoussée, surtout par l'aile droite de l'armée française. Nos hommes s'aguerrissaient en apprenant à connaître le chassepot : ils ne craignaient plus l'infanterie allemande.

vorisés cette fois qu'une grande partie de l'armée, qui dut camper dans la boue et dans la neige, par un froid pénétrant, sans même pouvoir faire du feu.

Le 16 décembre, le régiment, qui s'est complété en munitions, quitte la rive gauche du Loir, vers dix heures du matin, pour suivre comme ligne de retraite la rive droite. Il avait sur la route, placée à sa droite, le 16e corps marchant vers Montoire.

La brigade Bourdillon, formant division par l'adjonction de la colonne mobile de Tours que le général Camò, malade, quittait définitivement, marchait sur Mazangé ; elle y arrivait à cinq heures du soir, par des routes couvertes de neige.

Le 1er bataillon de l'Isère, formant l'arrière-garde qu'il conserva jusqu'à l'arrivée à Montreuil, marcha avec ordre, ne laissa pas de traînards, et donna par son attitude l'exemple de la plus complète discipline, malgré le spectacle honteux que lui offraient à tout instant des soldats isolés marchant à la débandade.

Le général Bourdillon félicita cette jeune troupe.

Pendant cette rude marche du 16, rendue pénible par les mauvais chemins dans lesquels on se trouvait quelquefois engagé, par suite de retard dans la marche de notre convoi ; le caporal Bourrin, de la 1re du 1er bataillon, s'étant égaré, se trouva dans un chemin creux où était de l'artillerie qui ne pouvait sortir de ce mauvais pas. Il aidait les conducteurs de la voix, en commandant aux chevaux, quand l'ennemi qui déjà avait cherché à enlever cette batterie, retomba de nouveau sur elle. Un caisson attelé de six chevaux restait sans conducteur, Bourrin prend par la bride le cheval de tête et gagna une route meilleure. L'ennemi, étonné de cette hardiesse, ne songea à le reprendre que lorsqu'il n'était plus temps.

Plus tard, le caporal Bourrin (François) recevait la médaille militaire, en récompense de ce fait d'audace et de sang-froid.

Revenons sur nos pas. Après avoir quitté Vendôme, étant déjà engagé sur la route de Mazangé, le 27e régiment de mobiles de l'Isère rencontra un convoi de vivres ; ordre lui fut donné de se ravitailler.

Cette opération terminée par le 1er bataillon et une ou deux compagnies du 2e, la division reprenant sa marche, ceux-ci la suivirent.

Nous n'avons pas oublié comment le régiment se partagea après la bataille de Villorceau-Vernon ; expliquons comment celle qui eut lieu le 16 décembre se produisit.

La division Bourdillon, avons-nous dit, continua sa marche sur Mazangé, pendant que le 3e bataillon et cinq compagnies du 2e achevaient de recevoir leurs vivres. Cette opération terminée, le commandant Cadot, ne s'étant probablement pas informé de la route à suivre, ou trompé par de faux renseignements, prit la direction de Saint-Calais. Quand il s'aperçut qu'il faisait fausse route, il n'était plus temps de revenir sur ses pas.

Que faire? Il marcha sur Saint-Calais, où il arriva à une heure avancée de la nuit.

Cette marche forcée exténua les hommes. Beaucoup ne pouvant suivre s'arrêtèrent dans les maisons des villages échelonnés sur la route.

Quant à ceux arrivés à Saint-Calais, on eut énormément de peine à les loger, car les rues de cette ville étaient encombrées d'une multitude de soldats isolés, de tous corps, qui s'introduisaient de force dans les maisons et accaparaient tous les logements disponibles. On parvint enfin à se loger tant bien que mal.

Mais, à Saint-Calais, un incident se produisit encore.

Le commandant Cadot, inquiet de n'avoir pu rejoindre la division Bourdillon, continua sa route sur le Mans, dès la première heure du 17, sans que les ordres qu'il avait donnés pour ce mouvement aient été communiqués aux officiers, par suite d'une négligence qu'il ne pouvait prévoir. Ceux-ci, en se réveillant dans la matinée du 17, furent très-surpris de la situation qui leur était faite. Ils se rassemblèrent aussitôt pour se consulter sur ce qu'il y avait à faire.

Avant de dire ce que ces officiers décidèrent, mentionnons de suite que le commandant Cadot, homme énergique, mais âgé, rudement éprouvé par la campagne, se trouva, en arrivant au Mans, dans l'obligation de demander un congé de convalescence, et retourna dans le Dauphiné.

Du conseil des officiers dont nous avons parlé, il ne sortit pas une mesure efficace. Ils réunirent leurs hommes et se dirigèrent instinctivement vers plusieurs points.

Une partie suivit la route conduisant au Mans. Les autres, mieux inspirés, tels que les capitaines Boyer, de Courtenay, d'Agout, du 2e bataillon, et le sous-lieutenant Masse, du 3e, ayant appris que la colonne du général Bourdillon devait aller camper à Montreuil, et qu'elle s'y trouverait le 18 décembre, prirent cette direction et arrivèrent à Tresson un peu avant le passage du 1er bataillon de l'Isère. Le sous-lieutenant Masse alla immédiatement se placer avec sa compagnie sous les ordres du commandant Vial. Quant aux officiers du 2e bataillon, ils ne jugèrent pas à propos de suivre cet exemple; si bien que, comme le 3e, ils marchèrent pour leur compte jusqu'au Mans, où enfin ils rejoignirent le régiment, alors commandé par le lieutenant-colonel Vial.

Cet officier supérieur avait été nommé provisoirement le 20 décembre, nomination confirmée par le général en chef, le 23 dudit mois, et rendue définitive par un décret du Gouvernement de la Défense nationale en date du 28 janvier 1871.

Dès lors le commandement devint unique, et des faits aussi regrettables ne se produisirent plus.

Nous avons laissé le 1er bataillon, à Mazangé. Il partit de ce village le 17, à six heures du matin, pour se rendre à la Chapelle-Huon, où l'on arriva à neuf heures du soir. Pendant cette journée, comme pendant celles qui suivirent, la pluie et la neige ne discontinuèrent pas.

Le 17, un fait très-honorable pour nos mobiles se passa.

Ce qui suit ayant été interprété de différentes manières, le lieutenant-colonel va rétablir les choses telles qu'elles ont eu lieu.

Trois hommes du 1er bataillon, le sergent Ramus, le caporal Matton et le garde David-Cavaz, s'étant arrêtés en dehors de Mazangé, étaient occupés à acheter quelques provisions dans un village bordant la route, lorsque des habitants les prévinrent que des ulhans y pénétraient : « sauvez-vous, leur disait-on, ou vous allez être faits prisonniers. » Quelques hommes de la mobile et d'autres corps, entr'autres le fourrier Bertier, du 2e bataillon, entendirent également ces propos. Les trois hommes que nous avons premièrement cités, après avoir glissé une cartouche dans leur chassepot, continuèrent résolument leur route ; les autres se blottirent derrière les maisons.

En sortant de ce village, ils aperçurent un cavalier précédant une petite troupe d'infanterie ; Aussitôt Ramus, David-Cavaz et Matton le couchèrent en joue et le forcèrent à mettre pied à terre. Pendant que nos mobiles examinaient ses armes, le fourrier Bertier arriva, et leur étonnement à tous fut très-grand lorsque, peu après, ils se trouvèrent en présence de vingt-cinq Français qu'un deuxième cavalier emmenait prisonniers. Celui-ci fut aussitôt désarmé et ces vingt-cinq soldats qui avaient eu la lâcheté de se rendre à deux hommes, reprirent, sous l'ordre de nos jeunes mobiles, leurs armes qu'ils avaient jetées dans un fossé. Et ainsi délivrés, les uns et les autres continuèrent leur route, emmenant avec eux leurs deux prisonniers et leurs montures, qu'ils présentèrent à l'état-major de l'armée.

Les trois principaux acteurs de ce drame reçurent le prix des chevaux dont ils s'étaient emparés et se le partagèrent.

La belle conduite du sergent Ramus, de David-Cavaz et de Matton, prouve ce qu'on peut obtenir, dans des circonstances difficiles, lorsqu'on ne s'abandonne pas à un sentiment de peur et qu'on compte sur son courage.

David-Cavaz, qui s'était déjà distingué en plusieurs circonstances, reçut plus tard la médaille militaire.

Le 18 décembre, la division Bourdillon campait à Montreuil, le 19, à la Boutinière, et le 20 à Changé, près le Mans.

Le 1er bataillon alla prendre position aux Tertres, petit hameau de ce village. Le lieutenant-colonel Vial s'y installa également, en cantonnant, autant que possible, les hommes qu'il avait avec lui.

Le 22, le 2e bataillon arriva à son tour sur cet emplacement. Le 23, le 3e bataillon, commandé par le capitaine Frachon, vint y prendre place.

Le 27e régiment appuya sa droite au 59e de ligne qui s'étendait dans la direction de Parigny-l'Évêque, sa gauche au 88e régiment de mobiles. Celui-ci continuait cet immense front de bandière jusqu'à l'abbaye de l'Epau, où se trouvait le quartier-général du général Bourdillon.

Les troupes sous ses ordres formèrent la 3e division d'infanterie du 16e corps d'armée qui, le 4 janvier 1871, devait passer sous les ordres du général de Curten.

Voici la composition de cette division :

Chef d'état-major, chef d'escadron, Populaire.

Commandant l'artillerie, chef d'escadron Casal.

Commandant le génie, chef de bataillon Borrius.

Intendant militaire, Vergnes.

Prévôt, lieutenant de gendarmerie Barbier.

1re BRIGADE.

Commandant, général de brigade Le Bouëdec,
16e bataillon de chasseurs à pied,
40e régiment de marche,
88e régiment de mobiles (Indre-et-Loire),
Bataillon de mobilisés (Bouches-du-Rhône),
2e légion des mobilisés de la Sarthe.

2e BRIGADE.

Commandant, colonel Thiery (1)
23e bataillon de chasseurs à pied,
16e régiment de ligne (un bataillon),
27e régiment de mobiles (Isère),
71e régiment de mobiles (Haute-Vienne).

ARTILLERIE.

23e batterie du 14e régiment.
21e — 15e —
23e — 7e —

(1) Le colonel Thiery ne prit le commandement de la brigade que le 20 janvier, laquelle resta tantôt sous les ordres directs du général commandant la division, tantôt sous les ordres du lieutenant-colonel Vial, du général Le Bouëdec, et finalement, à partir du 5 mars, sous les ordres du lieutenant-colonel Vial.

GÉNIE.

1re section de la 18e compagnie du 1er régiment.

Dès le lendemain de notre arrivée aux Tertres, les troupes furent employées à établir des fortifications passagères sur les points désignés par le génie.

Ce travail se fit avec quelques dificultés, en raison de la dureté du sol; le baromètre marqua souvent 13, 14 et même 16 à 17 degrés au-dessous de zéro. Quelques cas de congellation partielle avaient lieu chaque nuit chez les hommes de service et parmi ceux campés sous la petite tente, bien qu'on eût choisi les lieux les plus secs, telles que les sapinières, les landes, pour établir les bivouacs.

Le régiment, qui avait au moins deux bataillons dans ces conditions, eut à souffrir de cet état de choses jusqu'au moment où on se cantonna dans le village de Changé. La variole commençait également à faire des victimes.

Les troupes qui venaient d'arriver au Mans

offraient un aspect lamentable, surtout les mobiles qui n'avaient reçu que des vareuses.

Tous avaient combattu par la pluie, par la neige, par la glace, presque pieds nus. Ah ! si les misérables qui leur avaient livré des souliers à semelles en carton, étaient tombés sous les mains de nos malheureux soldats, la police correctionnelle devant laquelle quelques fournisseurs furent traduits, se serait changée en un tribunal encore plus expéditif que les cours martiales.

L'activité fébrile que chacun déploya pour faire cesser cet état de choses est impossible à décrire : on y employa tout son temps, de jour et de nuit.

Ce n'était pas tout encore : il fallait discipliner ceux qui avaient oublié leurs devoirs, car on avait vu des régiments entiers quitter leur division, des masses de fuyards, de traînards, marchant sans aucun ordre, se diriger sur le Mans, à leurs yeux une nouvelle terre promise.

Les cours martiales durent fonctionner, et malheureusement aussi les *pelotons d'exécution*.

Le lieutenant-colonel Vial ayant reçu, pour une de ces circonstances, le commandement des troupes, fit assister à ce triste spectacle son régiment presque en entier, afin de frapper l'imagination de ses hommes et de s'éviter le plus possible la douleur de sévir. Hâtons-nous de dire qu'aucun homme du 27e de mobiles ne fut traduit devant la cour martiale.

Ce n'était pas tout: un grand nombre d'officiers, se disant malades, se faisaient délivrer des certificats de maladie par tout docteur, qu'il fût médecin civil ou militaire. Les uns entraient aux hôpitaux; les autres, sans subir les visites et contre-visites ordonnées par les règlements militaires, se faisaient délivrer des congés de convalescence à termes plus ou moins longs.

Le général en chef coupa le mal par la racine. Les congés de convalescences, les entrées aux hôpitaux furent régularisés. Officiers et troupes ne devaient pas quitter leurs cantonnements, même pour aller au Mans, sans être munis de permissions régulières. Enfin, les cadres, désorganisés, furent remis au grand complet, par une mesure radicale, peut-être sévère, émanant du général en chef. Par suite de cette mesure, les capitaines dont les noms suivent furent nommés chefs de bataillons.

MM. Lentz, en remplacement de M. Boutaud, prisonnier de guerre ;

Frachon, en remplacement de M. Cadot, rentré dans ses foyers ;

Bouquet, en remplacement du chef de bataillon Vial promu lieutenant-colonel.

De nombreuses promotions d'officiers subalternes eurent également lieu.

Si notre commandant en chef exigeait la discipline la plus complète dans son armée, il s'occupa dès le 22 décembre de faire obtenir les récompenses que plusieurs braves avaient bien méritées.

Il est vrai que le 27e régiment de mobiles, bien qu'ayant fourni des propositions dans la Légion d'honneur et la médaille militaire, ne fut pas heureux. — Il ne l'est pas encore à cette heure. — Toutefois, ce retard, cet oubli ne peuvent être imputés aux généraux sous les ordres desquels était le 27e régiment de mobiles. La chose sera prouvée par des lettres qu'on trouvera à la fin de cet ouvrage, et que ces chefs ont eu la bonté d'envoyer au lieutenant-colonel Vial, qui s'est adressé à eux pour obtenir justice, navré d'un oubli aussi incompréhensible qu'immérité.

Le lieutenant-colonel joignit aux proprositions de récompenses remises au général Bourdillon un rapport succinct faisant connaître les noms des officiers, sous-officiers et soldats qui s'étaient distingués dans les divers combats auxquels le 27e régiment provisoire d'infanterie de la mobile de l'Isère venait d'assister.

Il citait :

MM. les chefs de bataillons Cadot et Boutaud (blessé) ; les capitaines Lentz, Brun, Peyron, Gal-Ladevèze, Boyer, de Courtenay, d'Agoult, Bouquet, Frachon, Du Terrail-Couvat (1) ; les lieutenants Billion du Plan, Henri, Pilot de Tho-

---

(1) Le lieutenant-colonel n'oublia pas le capitaine Magnin. Si son nom ne figure pas sur cette liste, c'est qu'on le crut mort.

rey, Thermoz, de Monteynard, Guigues (blessé), de Beylié, de Combaud; les sous-lieutenants Virard, Sestier, Genin, Masse, Mayade et Jacquier ; les sous-officiers Mathieu (Louis), Fontenay (Max), Gerlat, Camand, Giraud, Michel, Gélas et Trouilloud ; les caporaux Bourrin, Matton; les gardes David-Cavaz, Durand (Joseph). Bassache, Fontémond et le tambour Thomas (1).

Ainsi s'écoulèrent, dans un travail incessant soit d'organisation, soit en exercices et en manœuvres, les journées des 21 au 30 décembre 1870, époque à laquelle, en raison du froid et de la variole qui sévissaient de plus en plus, les troupes furent cantonnées à Changé et dans les hameaux environnants; y compris le 6e bataillon de la mobile de l'Isère, commandant de Quinsonas, qui, pendant quelques jours, fut placé sous les ordres du lieutenant-colonel du 27e.

---

(1) La plupart des sous-officiers qui furent cités n'étaient déjà plus à cette époque sous-officiers : ils avaient obtenu l'épaulette. Quelques caporaux et gardes étaient également passés sous-officiers.

Ce bataillon, formant notre extrême droite, fut envoyé au château de la Buzardière, pour surveiller les bois de Loudon.

Le commandant Frachon, à la ferme du marquis de Nicolaï, avait sa droite appuyée au 6e bataillon de l'Isère ; sa gauche s'étendait vers Boyère.

Le 2e bataillon, répandu dans diverses fermes, se prolongeait dans la direction de Changé, où se trouvait le lieutenant-colonel.

Le 1er bataillon, près et autour du château de la Giradière, donnait la main au 88e de mobiles, cantonné près et autour d'Amigné. Les mobilisés de la Sarthe étaient au château de Chef de Raison. Le 16e bataillon de chasseurs à pied au château de la Paillerie, et l'artillerie au château des Noyers.

Chaque bataillon de la division se gardait militairement, et des officiers supérieurs visitaient chaque jour les postes de leur brigade respective.

Ce fut à Changé que le régiment reçut enfin des voitures et des chevaux destinés au transport des bagages du corps.

Le 3 janvier, le régiment reçut l'ordre de partir pour Château-Renault par la voie ferrée et en deux détachements. Le premier, commandé par le chef de bataillon Lentz, et composé du 1er bataillon et de 4 compagnies du 2e, devait être rendu à la gare du Mans à six heures du matin.

Le reste du régiment, sous les ordres du lieutenant-colonel, arrivait à cette gare à sept heures quarante-cinq minutes, emmenant avec lui des détachements des 4e et 5e bataillons de la mobile de l'Isère, arrivés du dépôt de Grenoble. Plus tard, ces détachements aidèrent à la reconstitution de la 1re compagnie du 2e bataillon, anéantie à Villeporcher.

Le régiment arriva à Château-Renault à la tombée de la nuit, et fut dirigé sur Boulay pour appuyer de la cavalerie.

V

Du 4 au 16 janvier 1871

Affaires de la Moulinerie, de Saunay, de Saint-Amand. — Combats de Villeporcher et de Château-Renault. — Retraite sur Laval.

Le régiment passa la nuit du 4 au 5 à Boulay. Le 5 janvier, dès la première heure, toutes les troupes de la 3e division d'infanterie, aux ordres du général de Curten, prirent les armes pour se rendre à Château-Renault, l'ennemi étant aux prises avec les troupes du général Jouffroy, opérant entre Vendôme et Saint-Amand. La division n'eut aucun engagement sur les positions qu'elle venait de prendre en avant du cimetière de la ville de Château-Renault; on vit seulement quelques partis ennemis se retirant au loin dans la direction de Saint-Cyr et d'Herbault.

Le général de Curten ordonna au lieutenant-colonel Vial d'aller prendre les positions suivantes :

Le 1er bataillon, commandant Bouquet, s'établit à la ferme de la Moulinerie, près de la route d'Herbault, dant les bois s'étendant de Saint-Cyr à Saint-Nicolas.

Le 2e bataillon, commandant Lentz, fut placé à gauche de la route d'Herbault, dans les fermes situées en arrière de Saunay. Il devait soutenir le 1er bataillon, et surveiller les bois de cette forêt, qui va jusqu'à Villeporcher.

Le 3e bataillon, commandant Frachon, était plus en arrière, au hameau du Moulinet, point élevé au-dessus de la rivière La Brenne, au-delà de laquelle est située la ville de Château-Renault.

Vers le soir de cette journée (5 janvier), des dragons ennemis se présentèrent devant les avant-postes de la 7e compagnie du 1er bataillon, bientôt soutenue par la 5e. Ces grand'gardes, placées sous bois, leur firent subir une fusillade des mieux nourries, et l'ennemi décampa, emmenant un assez grand nombre de blessés.

Le reste de la ligne française qui, du point où se trouvait le 1er bataillon, s'étendait jusqu'à la route conduisant à Montoire, par Villechauve, ne fut pas inquiétée pendant la nuit du 5 au 6 janvier.

Le 6, le lieutenant-colonel Vial, ayant sous ses ordres, outre son régiment, un régiment de mobilisés de la Sarthe, un escadron de chasseurs, et quatre obusiers de montagne, devait se rallier par sa gauche aux troupes du général Cleret, en position à la Ménagerie. Sa droite s'étendait, comme la veille, jusqu'à la Moulinerie, pour surveiller les forêts de Saunay, de Saint-Cyr, de Saint-Nicolas et les routes qui aboutissent.

Ces troupes formaient l'extrême droite de la 3e division d'infanterie, qui était dans la direction de Villechauve et Villetiou, points occupés par le lieutenant-colonel Jobey.

Le combat s'engagea, vers dix heures du matin, contre des troupes prussiennes arrivant de Pruney, se développant vers leur gauche jusqu'à Saint-Cyr-de-Gault. Toute la journée une vive canonnade s'échangea entre ces troupes, celles du colonel Jobey et la division de Curten. On combattit avec acharnement jusqu'à quatre heures du soir, heure à laquelle les troupes aux ordres du lieutenant-colonel Jobey occupèrent Saint-Bourgon, Longuepie, Villetiou et Villechauve, où cet officier supérieur éiablit son quartier-général.

Les troupes du général de Curten, qui lui avaient prêté une aide efficace, se replièrent sur Château-Renault.

A la droite de cette ligne de bataille, la brigade aux ordres du lieutenant-colonel Vial eut à supporter de la part de l'ennemi des attaques qui tournèrent toujours à son désavantage. Le 1er bataillon, aux ordres du commandant Bouquet, disposé sur deux lignes de tirailleurs, parfaitement couvertes par les bois dans lesquels elles se dissimulaient, purent repousser à quatre reprises différentes les diverses tentatives de l'ennemi, chaque fois qu'il voulut s'engager au-delà de St-Nicolas. Ce bataillon eut dans cette journée 2 hommes blessés.

Le 2e bataillon, placé à Saunay, avait pour mission de soutenir l'artillerie, qui avait deux pièces pointées sur Saint-Nicolas et deux autres sur Saint-Cyr.

Le 3e bataillon, demandé au lieutenant-colonel Vial pour soutenir des troupes qui marchaient sur Saint-Amand, se dirigea d'abord sur le village de Villeporcher, qui était occupé par de la cavalerie ennemie.

Le commandant Frachon fit déployer deux compagnies en tirailleurs, laissant le reste du bataillon en réserve.

En entrant dans le village, les tirailleurs aperçurent deux vedettes ennemies dissimulées derrière quelques arbres ; on fit aussitôt feu. Un des cavaliers fut tué et l'autre fait prisonnier ; on s'empara des deux montures. Malheureusement, la décharge avait averti les avant-postes ennemis ; ils eurent le temps de déguerpir et de se replier sur le village de Saint-Amand, mais non pas sans être poursuivi par le feu de la ligne de tirailleurs qui en atteignit plusieurs. A ce moment, survint le lieutenant-colonel Jobey qui ordonna au commandant Frachon de marcher sur Saint-Amand.

On adjoignit alors au 3e bataillon la compagnie des francs-tireurs des Deux-Sèvres, et ces deux corps marchèrent ensemble sur cette ville.

Les Prussiens y étaient en assez grand nombre, mais en voyant arriver les troupes françaises, ils se hâtèrent de battre en retraite sans même essayer de la résistance.

Les troupes françaises entrèrent dans Saint-Amand sans coup férir et musique en tête. Elles reçurent un accueil chaleureux de la part des habitants qui croyaient les Prussiens vaincus, et espéraient en être enfin délivrés.

Le commandant Frachon envoya prévenir le lieutenant-colonel de son entrée dans Saint-Amand et lui demanda des ordres. — Le lieutenant-colonel Vial ne reçut point cet avis. — Ces ordres tardant à arriver, les divers officiers qui se trouvaient à Saint-Amand s'assemblèrent pour délibérer sur la situation. On conclut qu'il était prudent de battre en retraite.

En agissant ainsi, ces officiers commirent une faute, plus grave en ce qui concerne le chef de bataillon Frachon : il n'y avait aucune délibération à prendre. Cet officier supérieur avait reçu l'ordre d'occuper Saint-Amand, il devait y rester jusqu'au moment d'en être rappelé ou chassé par l'ennemi : on verra plus tard quelles en furent les conséquences.

Comme on se disposait à partir, un peloton de cavalerie prussienne, qui ignorait l'évacuation de Saint-Amand par les siens, vint se fourvoyer dans nos rangs. On le cribla de balles, plusieurs cavaliers furent tués, entr'autres l'officier qui les commandait, d'autres furent faits prisonniers et quelques-uns seulement réussirent à s'échapper.

Après cet incident, le 3e bataillon reprit la route de Château-Renault, où il arriva le 7 janvier, à sept heures du matin, ramenant avec lui ses prisonniers et plusieurs chevaux ennemis.

Le 6 au soir, le 27e régiment de mobiles conserva ses positions du 5, sauf que le 2e bataillon, commandant Lentz, alla s'établir à Villeporcher, position assez aventurée, bien qu'il eût à dos la forêt de Saunay ; puisque, comme nous l'avons dit, ce qu'on ignorait alors, Saint-Amand devait être occupé par nos troupes. Il est vrai encore que ce bataillon pouvait s'appuyer aux troupes établies à la Ménagerie, mais il n'en avait aucune sur sa droite pour le garantir d'une surprise.

Le lieutenant-colonel en fit l'observation au général de division, qui répondit : « L'ennemi est « en pleine retraite; en outre, Saint-Amand étant « occupé, Villeporcher devient un poste de « deuxième ligne. »

En s'exprimant ainsi, répétons-le, le général de Curten ne pouvait prévoir que Saint-Amand serait évacué pendant la nuit.

La brigade aux ordres du lieutenant-colonel Vial ne fut en aucune façon inquiétée la nuit du 6 au 7; et, dès le matin de cette journée, elle quitta ses cantonnements pour surveiller l'ennemi, qui ne parut sur aucun point.

La position aventurée du 2e bataillon devait avoir des conséquences fâcheuses.

Le 7, vers huit heures du matin, la 1re compagnie de ce bataillon, capitaine Thermoz, de grand'garde, fut surprise, grâce à des brouillards si épais que ses avant-postes, ses sentinelles n'y voyaient pas à quelques mètres.

Quatre cents Prussiens sont près de fondre sur nos malheureux mobiles, et ces braves jeunes gens ne sont pas encore prévenus du danger qui les entoure.

Cependant l'ennemi avançait toujours. Enfin, le sous-lieutenant Coindre l'aperçut arrivant sur sa gauche ; quelques dizaines de mètres les séparaient. Aussitôt il ordonna le feu. Le capitaine Thermoz, qui avait été prévenu, placé au centre du combat qui allait se livrer, réunissait ses hommes et ordonnait aussi le feu. Il fut bientôt secouru par une autre fraction de sa compagnie qui, placée à sa droite, se battait sous les ordres du lieutenant de Monteynard.

Les coups de feu redoublèrent alors d'intensité ; nos braves soldats se défendaient avec l'énergie du désespoir.

A un moment, la lutte eut un grandiose aspect:

cent coups de fusil répondaient à une fusillade de quatre cents Prussiens.

Mais les munitions s'épuisaient, la moitié de nos courageux soldats étaient blessés, entr'autres le sous-lieutenant Coindre, et l'on ne pensait pas à se rendre.

Le sergent-major Genin et quelques hommes combattirent jusqu'à ce qu'ils n'eurent plus de cartouches. Genin avait reçu trois balles et tirait encore, lorsque l'ennemi, forçant le centre de la compagnie, pénétrait dans la ferme.

Il fallut mettre bas les armes.

Ce qui restait d'hommes valides, une soixantaine, y compris le capitaine Thermoz, le lieutenant de Menteynard, étaient faits prisonniers. Le sous-lieutenant Coindre qu'on avait cru tué était ainsi parmi ces derniers : il avait le tibia brisé par une balle.

Dix hommes de cette valeureuse compagnie parvinrent à s'échapper et rejoignirent le régiment dans la journée du 9 janvier, vers midi.

Ce combat fait le plus grand honneur aux officiers et aux soldats de la 1re compagnie du

2e bataillon. Ne s'éclairèrent-ils pas assez loin? La chose est possible, présumable même. Mais, s'ils commirent une faute, ils la réparèrent en se défendant courageusement, comme eût pu le faire une vieille troupe.

42 hommes furent tués ou blessés. L'ennemi eut des pertes plus considérables.

Pendant que la grand'garde du 2e bataillon succombait héroïquement, le commandant Lentz, du même bataillon, cantonné à Villeporcher, était simultanément attaqué. Mais là toutes les précautions avaient été prises; l'ennemi, reçu vigoureusement, renonçant après avoir engagé une vive fusillade à se rendre maître du village, se retira en emportant de nombreux blessés.

Comment se fait-il que le général de division et le lieutenant-colonel Vial ne furent pas informés des faits qui venaient de se passer en avant de leur front de bataille? C'est ce qui est encore aujourd'hui inexplicable, car le commandant Lentz devait avoir quelques cavaliers à sa disposition. Ce ne fut que dans la matinée du 8 qu'un cavalier qui s'était égaré dans la forêt de Saunay vint annoncer ce qui avait eu lieu, mais en ne donnant que des détails bien incomplets; c'est-à-dire, en ne parlant que de l'engagement repoussé par le chef de bataillon Lentz, ce qui n'avait rien d'inquiétant.

Quelques heures après, vers dix ou onze heures du matin, des renseignements plus précis arrivèrent à la division : ceux-si, fournis par les hommes qui s'étaient échappés, après la prise de la 1re compagnie par les Prussiens.

En ce moment même, le 2e bataillon était attaqué de nouveau, comme nous le verrons après que nous aurons dit ce que firent dans cette journée du 8 le 27e mobile de l'Isère et les troupes aux ordres du lieutenant-colonel Vial.

Avant d'en arriver là, ajoutons que la 7e compagnie du 2e bataillon, capitaine Manuel, s'étant égarée dans la journée du 6, reçut l'ordre de rester avec le 3e bataillon. Mais le lieutenant-colonel apprenant ce qui venait d'arriver au commandant Lentz dans la journée du 7, ordonna au capitaine Manuel d'aller rejoindre son bataillon dès le 8 à la première heure. Cet officier tenta vainement d'exécuter cet ordre ; il ne put y parvenir et revint sur ses pas.

Le 8 janvier, dès qu'il fit jour, les troupes de la brigade aux ordres du lieutenant-colonel Vial étaient de nouveau sous les armes et la soupe mangée. Sa mission consistait à défendre avec ses troupes la route d'Herbault, à Château-Renault, la forêt de Saunay et de Villeporcher, côté de la route d'Herbault.

Dans le cas où il n'aurait rien à redouter venant d'Herbault, il devait concentrer tous ses efforts pour résister aux troupes pouvant venir de Saint-Cyr et de Villeporcher, afin d'empêcher l'ennemi de tourner la position par la route de Saunay à Herbault et de Saunay à Château-Renault.

Le lieutenant-colonel Vial devait défendre ses positions pied à pied, soit en embusquant son infanterie dans les bois, soit en faisant fouiller les forêts en avant de lui avec son artillerie. Il devait en même temps se tenir en communication suivie avec le général Cléret, chargé de la défense de la route de Paris passant par Neuville.

A neuf heures du matin, la brigade se trouva de nouveau placée aux positions qu'elle occupait le 7. Le 1er bataillon de l'Isère, resté à la Moulinerie, depuis le 5, — le commandant Bouquet ayant déclaré que ses officiers et son bataillon désiraient rester à ce poste avancé, — n'eut pas à bouger. Le régiment des mobilisés de la Sarthe fut seulement rapproché de ce bataillon pour l'appuyer.

Vers dix heures du matin, une fusillade très-nourrie s'engagea d'abord avec des dragons prussiens, bientôt soutenus par de l'infanterie ; mais les 3e, 5e et 7e compagnies, capitaines Billion du Plan, William, Brun et Peyron, qui depuis trois jours s'étaient parfaitement rendu compte des points les plus propices pour se défendre avantageusement, ne purent être entamées. Nos tirailleurs, cachés dans des bois épais, ne pouvaient être délogés que par un ennemi plus entreprenant ou par du canon. Irrités de leurs pertes, les Allemands se retirèrent vers midi et ne tentèrent plus de la journée de forcer ce passage.

Le 3e bataillon, bien disposé dans la forêt de Saunay, surveillait les approches conduisant à Villeporcher et la route menant à Saint-Cyr, que le lieutenant-colonel faisait éclairer par un peloton de chasseurs à cheval, ne fut nullement inquiété.

L'artillerie fouillait de temps en temps le bois plus à droite, entre Saint-Cyr et Saint-Nicolas, en y lançant quelques obus, des cavaliers ennemis ayant cherché à suivre un chemin conduisant à Saunay.

Il était près de trois heures du soir, tout faisait présumer que l'ennemi s'était retiré, lorsqu'une fusillade lointaine apprit au lieutenant-colonel qu'un engagement avait lieu en avant de lui (1).

---

(1) Aujourd'hui que la situation est éclaircie, le lieutenant-colonel Vial s'est parfaitement rendu compte de la tactique de l'ennemi. Elle consistait en ceci : amuser les troupes en avant de Chateau-Renault par des escarmouches, assez longtemps, pour qu'elles ne puissent se trouver à la bataille du Mans qui se

Il ordonna au commandant Frachon d'envoyer des éclaireurs dans cette direction. Le capitaine de Combaud, commandant la 4e compagnie, partit aussitôt et ne tarda pas à signaler l'approche du 2e bataillon qui se dirigeait sur nous.

Le lieutenant-colonel fut fort étonné de ce mouvement de retraite, les cavaliers qu'il avait envoyés dans la direction de Villeporcher ne lui avaient rien signalé de grave, et le général Cléret, mieux à même de connaître ce qui pouvait se passer de ce côté, ne l'avait prévenu de rien.

Le 2e bataillon de l'Isère venait de soutenir à Villeporcher avec cinq compagnies une lutte disproportionnée contre des forces considérables d'infanterie appuyées par de l'artillerie.

La lutte avait commencé à dix heures du matin.

Le chef de bataillon Lentz, résolu à se défendre

---

préparait. Il est bien fâcheux que nos chefs n'aient pas éventé leur stratagème. La perte de la bataille du Mans en est la conséquence probable.

coûte que coûte, s'abrita derrière les maisons et les haies et résista jusqu'à une heure de l'après-midi sous une grêle d'obus et de balles.

Cette lutte terrible, grandissant à mesure que nos braves soldats tombaient, devenait héroïque : les officiers sentaient que, plutôt que de se rendre, les hommes eussent préféré mourir.

Toutefois les cartouches diminuant, le commandant Lentz ordonna la retraite. Alors se produisit un de ces prodiges qui sont aujourd'hui comme autrefois le privilége de la bravoure française. Le bataillon, obéissant à la voix de ses chefs, bien qu'ayant un espace de terrain découvert à parcourir avant de pouvoir entrer dans la forêt, battit en retraite sur trois colonnes, vigoureusement soutenu par une double ligne de tirailleurs qui, reculant froidement, en imposèrent à l'ennemi à tel point qu'il n'osa pas chercher à les couper des directions qu'ils suivaient.

Dès que les premières compagnies, capitaines Guillet, Boyer, d'Agoult, furent sous bois, elles se reformèrent, laissant derrière elles un rideau de tirailleurs pour les protéger et appuyer les 2e et

4e compagnies, capitaines de Courtenay, lieutenant Genin, que l'adjudant-major Allier (officier très-vigoureux que l'ennemi enleva malheureusement) devait diriger, pour leur faire suivre une direction parallèle à celles du bataillon — ces compagnies avaient été retardées dans leur mouvement en arrière par l'acharnement de l'ennemi qui tâchait de les couper. — Enfin elles rejoignirent, et la retraite continua avec ensemble, tout en résistant encore à l'Allemand, qui essaya d'abord de les poursuivre à travers la forêt. C'est cette dernière fusillade que les troupes placées au-delà du bois entendirent.

Le 2e bataillon perdit dans ce brillant fait d'armes 37 hommes tués ou blessés. L'ennemi fit encore environ 50 prisonniers, qu'on a su, plus tard, avoir été pour la plupart blessés.

Le lieutenant-colonel cita au général commandant la 3e division d'infanterie, comme s'étant parfaitement distingués dans cette journée, le chef de bataillon Lentz, soldat très-énergique ; et les officiers et sous-officiers dont les noms suivent, que le commandant du 2e bataillon lui désigna : le lieutenant Genin, les sous-lieutenants Giraud et Chevalier, ainsi que l'adjudant Roux et le sergent-major Perrin, (Barthélemy).

A la tombée de la nuit, le général de Curten s'étant assuré que l'ennemi s'était replié sur ses lignes, ordonna aux troupes de reprendre leurs cantonnements respectifs.

Le 1er bataillon de l'Isère restait à la Moulinerie ; le 3e prenait les positions que le 2e avait occupées le 5 ; c'est-à-dire, dans les fermes situées en arrière de Saunay, afin de pouvoir prêter secours au 1er bataillon. Le 2e bataillon se cantonna au Moulinet, position que nous connaissons.

Dans la soirée du 8 janvier, le lieutenant-colonel Vial reçut un ordre qui le chargeait de défendre Château-Renault, et d'assurer la retraite des troupes de la division qui devaient évacuer cette ville, dès la première heure de la journée du 9.

Le général de Curten plaça sous ses ordres, outre son régiment, un bataillon de la Mayenne, commandant Baudoin ; un des Hautes-Pyrénées, commandant Peslin ; quatre pièces de montagne et quatre obusiers de 4. Un escadron de chasseurs d'Afrique était ajouté à celui du 2e chasseurs à cheval, déjà sous ses ordres.

Le 9, dès quatre heures du matin, il devait faire relever par ses troupes tous les avant-postes, en ayant soin de les rapprocher de Château-Renault sans cependant éveiller l'attention de l'ennemi. Enfin, il devait défendre cette ville le plus longtemps possible pour permettre aux colonnes qui le devançaient d'effectuer leur retraite ; les couvrant toute la journée, en occupant successivement toutes les positions défensives entre Château-Renault et Saint-Laurent, qui devait être sa destination.

Le lieutenant-colonel Vial devait, en outre, s'éclairer vers Boulay et le Sentier, en faisant passer un bataillon par les hauteurs qui dominent la route, afin de faire de fortes reconnaissances d'infanterie dans ces lieux qui sont très-fourrés.

A quatre heures du matin, toutes les troupes de la brigade avaient effectué leurs mouvements, laissant les lieux qu'elles abandonnaient avec leurs feux allumés.

En même temps, des reconnaissances de cavalerie partaient pour éclairer au loin, dans toutes les directions, afin de s'assurer si l'ennemi ne s'apercevait pas de notre mouvement en arrière.

Enfin, les hommes devaient avoir mangé la soupe à six heures du matin, et tous les éclopés et les bagages devaient être partis avant cette heure.

Le bataillon de la Mayenne fut placé dans le cimetière, point culminant situé en avant de Château-Renault, par où passe la route de Vendôme.

Le bataillon des Hautes-Pyrénées devait soutenir celui de la Mayenne et deux pièces d'artillerie placées en batterie au lieu sus-indiqué. Il s'établit, la gauche de son bataillon appuyée à la place des Halles.

Le 1er bataillon du 27e régiment de mobiles avait sa droite au pont de La Brenne. Sa gauche se développait le long de la route jusqu'au plateau au-dessus du Moulinet, où il plaça deux compagnies, les 6e et 7e, capitaines Garnier et

Peyron, pour soutenir deux pièces d'artillerie, en batterie, en arrière d'elles.

Le 2e bataillon, réuni en avant de ses cantonnements, avait sac au dos et les armes en faisceaux en-deçà du pont, du côté de Château-Renault.

Le 3e bataillon reliait les Hautes-Pyrénées au 2e bataillon et au 1er de l'Isère.

Le lieutenant-colonel se préparait à évacuer cette ville, les troupes qu'il devait couvrir devant être près d'arriver à leurs gîtes d'étape, lorsqu'on vint le prévenir que, par un oubli incompréhensible, un bataillon de la mobile de Maine-et-Loire qui n'appartenait pas à la division, n'ayant reçu aucun avis de mouvement de retraite, était encore à la Ménagerie.

Le lieutenant-colonel ne voulant pas abandonner ce bataillon placé dans une position si critique, le fit aussitôt prévenir d'avoir à prendre la direction suivie par les troupes auxquelles il appartenait. Dès qu'il eut avis que Maine-et-Loire s'était retiré et était à l'abri de toute surprise, le lieutenant-colonel ordonna la retraite, toutes les reconnaissances de la cavalerie étant rentrées et n'ayant signalé sur aucun point la présence de l'ennemi.

Au préalable, le lieutenant-colonel avait fait fouiller la ville de Château-Renault pour n'y laisser aucun homme. Il était alors onze heures et demie du matin et l'ennemi ne s'était présenté nulle part.

Il est vrai, vers neuf heures du matin, une petite reconnaissance de l'ennemi, composée de cavalerie et d'infanterie, s'était présentée devant une grand'garde de la Mayenne; elle paraissait même égarée, car elle s'avançait à découvert, bien qu'à moitié dissimulée par la neige qui tombait.

Le lieutenant-colonel venait d'ordonner au commandant du 1er bataillon de filer le long de la rivière pour couper la retraite à cette petite troupe, lorsque ce mouvement fut déjoué par la trop vive impatience du capitaine commandant la grand'garde de la Mayenne qui, hardiment, venait de sortir de ses positions et engager le feu avec l'ennemi. Ce capitaine, tourné lui-même par des dragons allemands, fut enlevé, et sa compagnie perdit quelques hommes. L'ennemi se retira alors vivement par la route de Vendôme.

Le départ de la brigade s'effectua aussitôt, les troupes suivant la grande route qui mène à la gare et à Saint-Laurent, point où se bifurque également la route conduisant à Boulay.

Le 1er bataillon de l'Isère était d'extrême arrière-garde, laquelle était formée par la 7e compagnie, capitaine Peyron. En avant du 1er bataillon marchait le 2e, l'artillerie venait ensuite; puis, le 3e bataillon de l'Isère et les Hautes-Pyrénées.

La Mayenne, placée en flanqueurs, suivait les petits chemins qui dominent les hauteurs séparant la route de Saint-Laurent et celle de Boulay.

L'escadron du 2e chasseurs à cheval devait marcher à deux ou trois cents mètres en arrière de l'extrême arrière-garde de l'infanterie.

L'escadron de chasseurs d'Afrique, capitaine de Ratignac, marchait sur le flanc de la route, du côté opposé à celui suivi par la Mayenne.

Le temps était affreux. La neige tombait si dru que l'horizon en était obscurci : on ne voyait pas à quelques mètres devant soi.

La colonne était engagée sur la route et marchait lentement, chevaux et hommes glissant et se frayant un passage rendu pénible par la neige recouvrant un sol gelé.

Le capitaine Peyron s'était arrêté à une espèce de rond point pour disposer ses tirailleurs et laisser prendre à la colonne une distance convenable.

L'escadron de chasseurs se trouvait un peu plus rapproché de Château-Renault, surveillant la gare et les voies principales par où l'ennemi pouvait arriver. Il était alors un peu plus de midi, quand le commandant de cet escadron parut distinguer des forces ennemies assez considérables qui descendaient de Château-Renault.

Par où y étaient-elles arrivées ? C'est ce dont il fut d'abord difficile de se rendre compte. Elles ne venaient certainement pas de Villeporcher ou de Saint-Cyr. Il est plus probable qu'après avoir franchi la route conduisant à Vendôme, elles avaient dépassé Neuvie pour se rabattre ensuite sur Château-Renault. Ce qui donne à cette supposition de la vraisemblance, c'est que, tout à coup, la compagnie du capitaine Peyron fut attaquée sur ses derrières et sur ses flancs. Aussitôt, cet officier fit faire demi-tour à ses hommes et engagea avec l'ennemi un feu très-vif. En même temps, il envoyait une demi-section, aux ordres du sous-lieutenant Julhiet, s'embusquer derrière des meules d'écorces de tan pour que ce point servît de ralliement au gros de la compagnie.

Dès que ce mouvement fut exécuté, la 7e compagnie battit en retraite, marchant lentement et combattant toujours. Arrivée à hauteur de la meule, cette brave et solide compagnie, qui avait déjà une dizaine d'hommes hors de combat, dont trois de tués, se mit à genoux et continua son feu.

Pendant que cette glorieuse lutte continuait, le commandant Bouquet et le lieutenant-colonel faisaient déployer en tirailleurs et en flanqueurs les 3e et 5e compagnies, pendant que les 4e et 6e s'échelonnaient pour servir de soutien à leurs frères d'armes.

Le reste de la colonne s'était également arrêté. Mais l'artillerie, daus cette route encaissée et bordée de bois de haute futaie, ne put trouver de positions pour s'établir.

En ce moment, une fusillade se faisait egalement entendre sur le flanc, du côté de Boulay, en arrière de la colonne. Le lieutenant-colonel ordonna au 3e bataillon d'aller s'établir derrière une ferme, à une bifurcation de routes, dont l'une mène à la Ferrière. Ce mouvement, malgré les difficultés de la route, s'exécuta d'autant plus promptement qu'on sentait que l'ennemi pouvait arriver à cette ferme avant nous. Alors, nous aurions été coupés.

Lorsque la retraite fut ainsi assurée, le lieutenant-colonel remit de nouveau en marche la colonne. Du reste, le feu de l'ennemi s'était ralenti à cause des pertes que lui firent éprouver nos tirailleurs bien embusqués; surtout ceux de la 7e compagnie, qui n'avaient pas cessé de faire un feu très-vif, partant de derrière les meules de tan dont nous avons parlé. La retraite s'effectua, dès lors, sans autre encombre et sans grandes pertes, puisqu'elles ne s'élevèrent pas au-delà de 13 hommes hors de combat (1).

Malheureusement, il n'en était pas ainsi dans Château-Renault même et aux abords de la partie de la ville par où la brigade venait de passer.

L'escadron de chasseurs à cheval qui se trouvait en arrière de toute troupe, ainsi que nous le savons, surpris, pour ainsi dire, entre deux feux : celui dirigé sur la 7e compagnie et celui venant de Château-Renault et de la gare, dut se retirer aux allures les plus vives pour se mettre à couvert derrière l'infanterie.

De nombreux traînards, malgré les patrouilles faites, les ordres si souvent réitérés de ne jamais abandonner leurs rangs, étaient restés dans la

---

(1) Il est à remarquer que toutes les fois que les Allemands ont eu à soutenir un feu de mousqueterie, infanterie contre infanterie, leurs pertes ont toujours été bien supérieures à celles subies par nos fantassins. Ceux-ci savent mieux s'abriter, combattent plus facilement, bien qu'isolés ; les Allemands, au contraire, ont besoin de rester coude à coude.

ville; surpris par l'ennemi, un nombre assez considérable de soldats de toutes armes, n'appartenant pas pour la plupart à la brigade, furent tués ou blessés. L'ennemi fit pareillement prisonniers une centaine d'hommes (1).

Cet engagement, qui fait le plus grand honneur aux troupes qui y prirent part, fit que le lieutenant-colonel cita au général de Curten, comme s'y étant particulièrement distingués, le chef de bataillon Bouquet, les capitaines Peyron, Brun, de Maximy. Outre ces messieurs, le commandant Bouquet avait cité également au lieutenant-colonel les lieutenants Adrien Forest, Virard et Bel; les sergents Gérard et Gontrie.

La brigade arriva sans autre incident à Saint-Laurent, mais exténuée de fatigues. Le lieutenant-colonel Vial se disposait à lui faire prendre ses cantonnements, lorsqu'on lui remit un ordre

---

(1) Ces renseignements furent donnés plus tard au lieutenant-colonel par le sergent-major Juving, qui s'était trouvé parmi les prisonniers, et qui s'évada quelques jours après.

lui prescrivant de continuer sa route jusqu'à Beaumont-la-Ronce, où il arrivait à neuf heures et demie du soir.

Le temps avait été si mauvais, la marche si pénible, que dès que les hommes furent dans leurs logements, on ne put les réunir pour faire les distributions. On dut se contenter de compléter les cartouches.

Le 10 janvier, au matin, les distributions de vivres s'achevaient à peine, et au moment où l'on faisait des démarches pour faire échanger la viande qu'on venait de refuser comme gâtée, le lieutenant-colonel recevait l'ordre de partir pour Château-du-Loir. Le 27e régiment de mobiles, ayant avec lui un escadron de chasseurs à cheval (commandant Vilatte), devait escorter les batteries d'artillerie et les réserves de la 3e division d'infanterie.

A Château-du-Loir, le lieutenant-colonel Vial devait recevoir de nouveaux ordres.

Après une journée comme celle du 9, on ne pensait pas qu'il fût possible d'en avoir une autre plus pénible. Comme on se trompait !

Cette journée de marche nous parut interminable; la route, couverte de verglas, était presque aussi impraticable aux hommes qu'aux chevaux. On resta dix-sept heures sous une pluie glaciale.

Les troupes, en arrivant à Château-du-Loir à onze heures du soir, n'auraient pu dépasser cette ville d'un kilomètre. Heureusement, les habitants reçurent nos malheureux troupiers avec assez d'affabilité, dès qu'on fut entré dans leurs maisons... un peu contre leur gré.

Le général de Curten apprit dans cette ville que l'ennemi avait passé le Loir à un gué qu'un paysan lui avait indiqué, ce qui pouvait empêcher notre marche sur le Mans. Le lendemain, il fit bien diligence pour arriver à Ecommoy; mais il dut profondément regretter de ne pouvoir entreprendre une marche de nuit: c'était chose impossible.

Le 11 janvier, dès six heures du matin, c'est-à-dire avant le jour, la réserve d'artillerie, le convoi et tous les *impédimenta* d'une troupe en marche, nous précédèrent sur la route conduisant à

Ecommoy, par Verneuil-le-Chétif et Mayet.

A huit heures, la colonne principale quittait Château-du-Loir.

Un peloton de cavalerie éclairait la division à un kilomètre en avant, puis venait le 27e de mobiles, précédé de deux de ses compagnies marchant à un kilomètre de leur bataillon. Deux batteries d'artillerie suivaient ce bataillon. Après l'artillerie, marchaient les deux autres balaillons du régiment et le reste de la division, éclairée à 1,500 mètres en arrière par les escadrons de cavalerie du colonel Lacombe.

Le 23e bataillon de chasseurs à pied marchait sur le flanc droit de la colonne, se reliant aux francs-tireurs des Deux-Sèvres, chargés de fouiller les bois qui longeaient notre route.

On arriva ainsi à Mayet à deux heures et demie, au moment où le canon se faisait entendre dans la direction de la forêt de Bersay.

L'avant-garde, composée alors des francs-tireurs des Deux-Sèvres (commandant Poinsignon), du 23e bataillon de chasseurs à pied (commandant Obry), et du 27e régiment de mobiles, se rendit à

Ecommoy pour s'assurer si la route du Mans restait libre.

Les francs-tireurs, le 23e de chasseurs et deux compagnies du 27e (capitaines Billion du Plan frères) entrèrent dans cette ville d'abord sans tirer un coup de fusil. Le mouvement en avant de toute la division allait se prononcer, quand l'ennemi attaqua le commandant Poinsignon, près de la gare.

Il fut vigoureusement repoussé.

La situation de la division de Curten ne devenait pas moins très-critique.

On coucha à Mayet, et dans la matinée du 12, précédée de toute l'artillerie et du convoi, la division, après avoir dépassé Ecommoy, tournant à gauche à angle droit, prit la direction de la Flèche.

Afin d'échapper à l'ennemi, on alla coucher à Foultourte, le 13 à la Flêche et le 14 à Sablé, où devaient se trouver le 16e corps et le vice-amiral Jauréguiberry.

C'est à Sablé que la division de Curten apprit notre défaite du Mans. Combien nous regrettâmes de n'y avoir pas pris part. La 2e armée de la Loire, nous dit-on, eût été victorieuse si des mobilisés bretons n'avaient lâché pied.

Que serait-il arrivé si dix mille hommes de bonnes troupes, telles que celles de la division de Curten, s'étaient trouvées sur le champ de bataille? On ne saurait répondre. Il faut l'avouer, notre pointe sur Château-Renault était une opération stratégique malheureuse, puisque le général en chef n'avait pu nous rappeler à lui en temps opportun. Aujourd'hui, il n'y a nul doute à avoir sur ce point, la division de Curten resta plusieurs jours sans communication avec l'armée. A qui cette faute est-elle imputable? Nous ne nous permettrons pas de résoudre cette question; les documents nous manquent.

Le 15 janvier, nous devions faire séjour à Sablé pour attendre des ordres du vice-amiral, quand la division fut prévenu d'avoir à prendre les armes pour porter secours au 16e corps, violemment attaqué, par l'ennemi, à Saint-Jean-sur-Erves. Des hauteurs dominant Sablé, on entendait gronder le canon.

Il faisait un froid excessif (1).

En un clin d'œil le régiment était formé en bataille sur la route conduisant à Anvers-le-Hamon. Les hommes paraissaient avoir oublié leurs fatigues : le bruit du canon les réchauffait. Puis, ne s'agissait-il pas de secourir notre brave amiral, un soldat qu'on aimait?

Le 27e régiment de mobiles précédé d'un escadron de cavalerie du général de Tucé, formait l'avant-garde ; une demi-batterie d'artillerie était intercalée entre le bataillon de tête et les deux autres. Le 88e de mobiles suivait, puis les autres corps de la division.

Malgré la neige, la pluie qui tombaient et qui rendaient les chemins impraticables, l'avant-garde fut bientôt rendue sur un plateau dominant

---

(1) Nous connaissons un de nos amis, le plus intime... nous ne le nommerons pas...

Sachant qu'on avait une journée de repos, le malheureux but d'une certaine limonade... Deux heures après, on partait. Inutile de dire ce qu'il dut éprouver en se trouvant dans l'obligation de rester à cheval plus de quinze heures... C'est inexplicable, mais il s'en souviendra longtemps. Oh! oui.

le village de Bannes, ayant à notre droite celui de Brulon.

Une batterie d'artillerie fut placée pour battre l'ennemi, qui était, dit-on, en forces assez considérables à Brulon.

Le 3e bataillon de l'Isère, déployant une compagnie de tirailleurs, parfaitement couverts par le capitaine du Terrail-Couvat, eut pour mission de défendre la route conduisant à Bannes, où une reconnaissance de cavalerie fut envoyée. Elle rentra bientôt, après avoir engagé une fusillade avec l'ennemi.

Le 2e bataillon couvrait, de la même façon, la route conduisant à Brulon.

Ces positions défensives furent conservées assez longtemps pour permettre au convoi de la division de s'engager sur la route menant à Chéméré; où, plus tard, s'établit le quartier-général de la 3e division, le général de Curten ayant appris la retraite de l'amiral de St-Jean-sur-Erves à Soulgé, et sa marche sur Laval.

La nuit tombant, le général de Tucé, qui avait pris le commandement de l'arrière-garde, composée des troupes qui, dans la matinée, étaient d'avant-garde (francs-tireurs des Deux-Sèvres, 23e bataillon de chasseurs à pied, 27e de mobiles, et l'artillerie divisionnaire), l'engagea sur la route de Chéméré.

Le général de Tucé, arrivé à la Roche-Lambert, où se trouve un château appartenant à l'un des descendants du maréchal Ney, reçut l'ordre de s'arrêter en *pleine route* et d'établir des grand'gardes pour assurer les derrières de la division. En ce moment, il était nuit close ; la neige tombait à gros flocons ; et, la bise abaissant la température, le froid devint insupportable.

Cependant les troupes durent s'arrêter là où elles se trouvaient, et bivouaquer sans tentes ni feu.

Les malheurs courent dans l'air, dit un proverbe. Nos pauvres soldats, comprenant instinctivement que la position exigeait ce sacrifice de leur patriotisme, se conformèrent à cet ordre sans murmures.

Le narrateur de cette histoire se rappellera toujours cette triste nuit :

Des grand'gardes de son régiment, ayant été placées par un officier d'état-major sur des points qui les exposaient à être enlevées, le lieutenant-colonel Vial, après s'être entendu avec le général de Tucé, partit pour les rapprocher de la queue de la colonne. Un paysan devait le conduire.

Arrivé à un pont qui séparait la colonne d'avec les grand'gardes, son conducteur l'abandonna. Alors, tantôt tombant dans une fondrière, il roulait presque dans l'Erves, coulant à sa droite; tantôt il allait butter contre une éminence couverte d'un manteau de neige : c'était sur des soldats qu'il roulait. Enfin, il parvint à rapprocher ses grand'gardes, et le temps s'étant un peu éclairci, il rejoignit, sans autre encombre, le général de Tucé.

En écrivant ce qui précède, le lieutenant-colonel ne cherche pas à assombrir le tableau de nos misères. Il revient souvent, il le sait, sur ce sujet; mais on ne peut trop aussi s'étendre sur ces circonstances, puisque tous les jours nos souffrances augmentaient; puisque nos marches ne discontinuaient pas ; puisque nous ne pouvions assigner un terme à ces courses qui abattaient les caractères les mieux trempés.

La lutte électrise, enflamme le soldat, remplit son cœur d'une émotion qui le grandit à ses yeux ; mais la pluie, la boue, la neige, la terre glacée, ces ennemis redoutables, comment les combattre ?

Combien de nuits passâmes-nous, pendant cette rude et douloureuse campagne, accroupis sur une terre humide, sans feu et sans prendre un instant de repos ? Ceux qui dormaient se réveillaient tout endoloris, en laissant sur le sol l'empreinte de leur corps. Passons.

Le 16 janvier, dès que chacun de nous eut repris un peu de vitalité, on se mit en marche sur Laval, où l'on arriva à cinq heures du soir.

Nos hommes furent logés chez l'habitant ; mais quelle froide réception ils reçurent !

Personne n'y prit garde : on espérait coucher dans un lit.

VI

Du 17 janvier au 12 avril 1871

Séjour à Laval. — Combat de Sainte-Mélaine. — Armistice. — Vote pour l'Assemblée nationale. — Désarmement. — Ordre du lieutenant-colonel. — Retour à Grenoble. — Lettres du général commandant en chef la 2e armée de la Loire, du vice-amiral Jauréguiberry et des généraux sous les ordres desquels le régiment a combattu.

Le 17 janvier 1871, le 27e régiment de mobiles de l'Isère quittait Laval pour s'établir au nord de cette ville.

Le 1er bataillon fut bivouaquer aux environs de la ferme du Pressoir ; le 2e, en réserve, resta à la gare du chemin de fer ; le 3e fut placé à cheval à la bifurcation des routes conduisant à Mayenne et au Mans. Il prit position à un hameau nommé le Point-du-Jour, appuyant sa droite à la ligne du chemin de fer, dans la direction de Montsurs, où se trouvait le 88e régiment de mobiles.

La nuit du 17 au 18 fut tranquille, si ce n'est qu'une ou deux alertes se produisirent en avant des grand'gardes du 3e bataillon, sur la route du Mans. Elles furent repoussées par le 88e de mobiles et les avant-postes du 27e de mobiles qui n'eurent à échanger que quelques coups de feu contre des vedettes allcmandes.

A neuf heures du matin, le 18, une fusillade plus vive s'entendait vers la droite, puis elle cessa tout à coup. Mais, vers midi, un combat où grondait le canon s'étant engagé vigoureusement dans la direction de Sainte-Mélaine, le commandant Bouquet fit couronner, par des tirailleurs, les hauteurs du bois qui s'étend vers ce village.

Bientôt après, des troupes traversèrent ses rangs, se dirigeant sur ses derrières, où était une batterie d'artillerie française.

Dès lors, le front du 1er bataillon étant découvert, un feu de tirailleurs soutenu par notre artillerie s'engagea contre l'ennemi, qui, d'abord, y répondit avec ténacité. Mais nos troupes marchant hardiment en avant, l'Allemand recula et cessa son feu, après un engagement de près de deux heures, au moment où l'horizon s'assombrissait par de la neige tombant en abondance.

Le 27e régiment de mobiles de l'Isère échangeait ainsi les derniers coups de feu contre notre puissant ennemi qui, ce jour-là, recula encore.

Les pertes du 1er bataillon, pour un si court engagement, furent sensibles. Nous eûmes la douleur de perdre le sous-lieutenant Julhiet (Casimir), un tout jeune homme, modeste, intelligent et brave : il eut la moitié de la tête emportée par un éclat d'obus. Ce même obus coupait la jambe à un caporal et blessait quelques hommes. Le nombre des blessés s'éleva à onze.

Le commandant du 1er bataillon citait, comme ayant été admirables d'entrain et de courage, dans la journée du 18, les capitaines Billion du Plan frères, Brun et Gal-Ladevèze ; les lieutenants Forest (Adrien) et Pêche.

Le lieutenant-colonel, dans son compte-rendu au général commandant la 3e division d'infanterie, outre ces Messieurs, citait, pareillement, le chef de bataillon Bouquet, qui, dans ce combat, avait montré beaucoup de sang-froid et d'énergie.

Le 19 janvier, le régiment, relevé de ses positions, campa, sans tentes, près de la gare du chemin de fer.

Le 20 janvier, la 2e brigade de la 3e division, dont le colonel Thiery venait de prendre le commandement, quittait Laval et ses positions du nord, en avant ds cette ville, pour se porter au sud.

La droite du 27erégiment de mobiles s'appuyait à la Mayenne, et sa gauche au 71e de mobiles, cantonné aux Gondinières.

Le rôle du 27e était de protéger et de surveiller la route conduisant à Château-Gonthier. En avant de lui et à une grande distance, se trouvait de la cavalerie française.

Il fut cantonné de la manière suivante:

Deux compagnies à Thévalles et une au Bois-

Gamats (château de M. de Roquefeuil) ; le reste du régiment, bataillon par bataillon, alla occuper les fermes de Beau-Soleil, de la Herpinière, de la Chouannerie, de Haute-Traynée, de la Bancourderie, du Plessis et des Merceries.

Tous ces cantonnements se reliaient entr'eux et étaient couverts par des grand'gardes, visitées, chaque jour, par les officiers supérieurs de la brigade, afin de bien connaître les positions défensives.

Les généraux de brigade de la division visitaient alternativement les postes ; on redoubla ainsi de surveillance et d'activité (1). Une discipline sévère maintenait les troupes dans leur devoir ; en un mot, on se prépara, par tous les moyens possibles et imaginables, à être prêts pour combattre de nouveau. De cette façon, l'armée se réorganisait d'une manière plus com-

(1) Ces recommandations, ces visites étaient d'autant plus utiles, que le 24 janvier le régiment avait eu un homme blessé, étant en vedette : le garde Pélissier de la 3e compagnie du 2e bataillon. L'ennemi ne nous perdait jamais de vue.

plète, mieux suivie qu'au Mans. Officiers et troupe n'eurent plus un moment de loisir ; car on dut réhabiller, équiper de nouveau l'armée, et travailler à son instruction. Il faut le répéter encore, les effets distribués ne pouvaient supporter les épreuves de la campagne pendant plus d'un mois, et le besoin d'instruire, de discipliner les hommes se faisait sentir de plus en plus.

On arriva ainsi au 29 janvier.

Avant d'aller plus loin, racontons une des surprises les plus agréables que le régiment pût recevoir. Le 7 janvier, étant à Château-Renault, il eut la joie de voir rentrer dans ses rangs le chef de bataillon Boutaud, qui, blessé à Vernon le 8 décembre et fait prisonnier, avait eu le bonheur de s'échapper des mains des Prussiens. Quelques jours après, les docteurs Guillaud et Gaston, qui avaient été aussi retenus à Beaugency, étaient mis en liberté et nous rejoignaient.

Le 23 janvier, le régiment avait été tout à fait complété. Le lieutenant-colonel remit au colonel commandant la 2e brigade de nouveaux mémoires de propositions pour la croix et la médaille militaire, sur la demande de l'autorité supérieure, les propositions faites le 22 décembre 1870 ayant été égarées. Ajoutons de suite que celles-ci devaient avoir le même sort. Elles furent renouvelées le 1er mars, et aujourd'hui 10 novembre 1871, elles n'ont pas encore eu un résultat complet et favorable.

N'omettons pas non plus de relater la perte douloureuse que fit le régiment en la personne du chef de bataillon Frachon, qui mourut de la petite vérole, après quelques jours d'horribles souffrances.

Cet officier, vieil africain, comptant dans ses services de nombreuses campagnes, des citations à l'ordre de l'armée, des blessures; et qui naguère avait échappé aux dangers des combats, périt ainsi misérablement.

Le commandant Boutaud prit le commandement du 3e bataillon en remplacement du chef de bataillon Frachon.

Le 29 janvier, le régiment quittait ses positions au sud de Laval, pour aller se cantonner à

Andouillé. Il passa la nuit à Laval et arrivait à Andouillé le 30.

Ce fut à Laval que le régiment eut connaissance de l'armistice. A la louange de nos jeunes mobiles, on peut affirmer que cette nouvelle fut reçue froidement. Aucune manifestation antipatriotique n'eut lieu.

A Andouillé, le front de la 2e brigade fut couvert par de la cavalerie, placée au loin et au nord ; le 27e de mobiles s'y installa.

Le 71e de mobiles était cantonné à la droite dans la direction de Saint-Germain ; le 23e bataillon de chasseurs à pied, à gauche, vers la Baconnière.

Le régiment eut énormément à regretter le cantonnement qu'il venait de quitter. Andouillé était un véritable cloaque boueux, n'offrant aucune ressource et où la variole faisait de nombreuses victimes.

Qu'on joigne à cet état de choses la peste bovine décimant les animaux de cette triste localité, on pourra se faire une idée des souffrances qu'on y endura. Les hommes ne voulant pas toucher à la viande qu'on leur distribuait, souffrirent réellement de la faim.

Les élections à l'Assemblée nationale eurent lieu le 8 février. Les officiers, sous-officiers et caporaux reçurent l'ordre de faire comprendre aux hommes, que l'unique manière de constater qu'il étaient dignes d'être des citoyens français, était de voter librement, sans recevoir un mot d'ordre de n'importe qui.

Le lieutenant-colonel, candidat à la députation, en portant à leur connaissance les noms des citoyens du département qui sollicitaient leurs suffrages, leur rappela énergiquement leurs devoirs ; c'est-à-dire, les engagea à voter pour les hommes d'ordre, de liberté, de progrès, ennemis de l'infâme régime qui venait de précipiter la France vers sa perte.

Le président du bureau fut M. le commandant Lentz. Les candidats pour la paix à tout prix eurent la majorité des voix du 27e de mobiles. Sans vouloir la guerre à outrance, il nous semble encore à cette heure que le peuple Français pouvait combattre et vaincre notre barbare ennemi, si quelques étincelles de pur patriotisme avaient animé les masses. Un peuple qui veut se défendre ne peut être vaincu : il perdra des batailles, mais, s'il le veut, il détruira en détail l'ennemi qui osera lui imposer des lois humiliantes, des..... cinq milliards!!! Pauvre Alsace! Pauvre Lorraine! Qu'êtes-vous devenues?... HOCHE, KLÉBER, MARCEAU, MOREAU, géants de 92, que pensez-vous de nous ?

. . . .

Pendant le séjour du régiment à Andouillé, le général commandant la 3e division d'infanterie passa la revue du régiment et fit des théories orales aux officiers, sous-officiers et caporaux.

Le général de Curten manifesta sa satisfaction de la bonne tenue et de la belle prestance de la mobile de l'Isère par un ordre du jour très-élogieux. Il fit aussi des compliments à un certain nombre de jeunes officiers qui avaient parfaitement répondu aux diverses questions qu'il leur avait posées. Il complimenta entr'autres, le capitaine Jules de Beylié et les frères Fontenay, sous-lieutenants.

Le 12 février 1871, le régiment quitta Andouillé pour se rendre à Chatellerault.

Il serait fastidieux de raconter ce que l'on fit, étape par étape ; la paix n'étant point faite, la 3e division d'infanterie marchait comme si elle eût été en présence de l'ennemi, chacune de ses brigades étant successivement d'avant-garde et d'arrière-garde. Les hommes, habitués aux fatigues et à la marche, étaient magnifiques à voir. Le lieutenant-colonel fut souvent bien flatté des compliments qu'il recevait de ses chefs directs. Il fut surtout fier d'obtenir un semblable éloge du général Bourdillon, commandant la division de réserve, qui avait eu pendant quelque temps le 27e régiment sous ses ordres.

Le 12 on coucha à Neuillé, le 13 à Chemazet, le 14 à Grès-Neuville, le 17 à Doué, où l'on fit séjour; le 19 à Thouars et Saint-Jean, le 20 à Saint-Jean-de-Sauves, le 21 à Bellefois, le 22 à Saint-Cyr, à Verneuil et à Traversais où l'on séjourna les 23, 24 et 25, pour partir le 26, jour de notre arrivée à Chatellerault, où nous restâmes jusqu'au 3 mars.

Le 4 mars, nous étions à Dangé.

Le 5, le commandement de la 2e brigade passa aux ordres du lieutenant-colonel Vial.

Ce fut pendant notre séjour à Dangé que le régiment apprit la conclusion de la paix et que le général de Curten quittait le commandement de la 3e division.

Son ordre du jour exprimait de nobles pensées, un sentiment véritablement patriotique.

Il demandait à sa division de conserver un bon souvenir de leur général. Le lieutenant-colonel Vial, se faisant ici l'interprète de la 2e brigade et du 27e régiment de mobiles de l'sère, croit pouvoir affirmer, que tels furent leurs sentiments. Le général de Curten eut toujours pour le 27e une véritable considération, que nos jeunes mobiles lui rendent certainement.

Le 10 mars, le régiment se rendit de Dangé à Sainte-Maure, où il arriva le 12.

Le lendemain, on rendait au train des équipages militaires les voitures et les chevaux que l'Etat avait confiés au régiment. Le 14, il fut prévenu qu'il allait être désarmé et dirigé sur Grenoble.

Le lieutenant-colonel ayant appris que cette mesure froissait ses soldats, fit paraître l'ordre du jour suivant :

« Soldats du 27e régiment de mobiles,

« On va vous retirer les armes dont vous « vous êtes si bravement servis ; disciplinés « comme vous l'êtes, rendez-les, mais n'oubliez « jamais que vous devez vous tenir prêts à les « ressaisir, lorsque l'heure de la vengeance « sonnera.

« Permettez à votre colonel de vous dire « combien il aurait été heureux de vous voir « rentrer dans vos foyers en soldats. Mais, citoyen « avant tout, il s'incline devant la loi et la dis- « cipline ; la discipline, que vous avez si bien « comprise que pas un d'entre nous, soldats du « Dauphiné, n'avons eu à supporter le poids « des inflexibles lois qu'on a été obligé d'appli- « quer aux armées de la Loire, pour maintenir « quelques indignes dans les règles les plus « suprêmes de l'état militaire.

« Nous allons rentrer dans nos foyers, con-

« servez parmi vous, si vous m'en croyez, les « liens fraternels qui vous ont unis sur les champs « de bataille.

« Ne m'oubliez pas; quant à moi, ma der- « nière pensée sera pour vous.

« Vive la République !

« Sainte-Maure, le 15 mars 1871.

« *Le lieutenant-colonel, commandant la 2e « brigade de la 3e division d'infanterie et « le 27e régiment provisoire d'infanterie « mobile de l'Isère,*

« *Signé:* A.-A. VIAL. »

Le régiment séjourna à Sainte-Maure les 13, 14, 15 et 16 mars. Le 17, il se rendit aux Ormes; le 18, ce fut à Targé, et le 19 à Châtellerault.

Ce même jour, on rendit les armes, les effets de campements, etc.; et le 20, le régiment partait de Chatellerault pour aller coucher à Preuilly, se dirigeant sur Grenoble, où il devait arriver le 12 avril.

Il passa successivement, le 21 à Châtillon-sur-Indre, le 22 à Buzançais, le 23 à Châteauroux, le 24 et le 25 à la Châtre, où il fit séjour; le 26 à Culan, le 27 à Montluçon, le 28 à Montmorillon, le 29 et le 30 à Varennes, où il séjourna le 31 à la Palisse, le 1er avril à la Pacaudière le 2 à Roanne, le 3 à Saint-Symphorien, le 4 et le 5 à Tarare. Le 6 il était à Labresle, le 7 à Lyon, le 8 à Saint-Laurent-de-Mure, le 9 à Bourgoin, le 10 aux Abrets, le 11 à Voiron, et le 12 il était rendu à Grenoble.

Ici, devrait s'arrêter l'historique du 27e régiment provisoire d'infanterie de la garde nationale mobile de l'Isère ; le lieutenant-colonel ne peut l'accepter ainsi.

Arrivé le 12 à Grenoble, le régiment fut le même jour licencié, ainsi qu'on le ferait à l'égard de mercenaires dont les services ne sont plus utiles. Le général commandant la 22e division militaire ne voulut même pas accorder à son chef quelques jours, pour que les bataillons, les compagnies aient le temps de rendre leurs comptes au Conseil d'administration centrale de la mobile de l'Isère.

Le 12 au soir, ceux des jeunes soldats qui avaient quelques épargnes, ceux qui avaient accompagné leurs chefs jusqu'au chef-lieu du département, rejoignirent à leurs frais leurs foyers.

Le 27e de mobiles avait existé...

Alors, le lieutenant-colonel tournant sa pensée vers ses anciens chefs, s'adressa à eux pour obtenir leurs témoignages des services rendus par le régiment, et pour les prier également de l'aider à obtenir les récompenses qu'il sollicitait vainement, depuis si longtemps, en faveur des officiers et soldats du 27e de mobiles. Il fit mieux, il se rendit à Versailles, afin de suivre de plus près les négociations entreprises pour arriver au but qu'il se proposait.

Quel est le motif de l'oubli ? Nous l'ignorons. Qu'on lise les lettres suivantes, que le lieutenant-colonel a portées naguère à la connaissance de ses frères d'armes, et toute personne impartiale dira avec nous :

« Oui, le 27e régiment de l'Isère a fait noblement son devoir. »

A la date du 12 juillet, le lieutenant-colonel portait à la connaissance de son régiment les lettres dont il s'agit par celle qui suit :

Aux officiers, sous-officiers et soldats du 27e régiment de mobiles de l'Isère.

Camarades,

Les services rendus par les armées de la Défense nationale dites de *Provinces,* dites des *Gambettistes,* ont été tellement méconnus par les puissants du jour; qu'outragé de l'injustice qui nous est faite, j'ai réuni dans cette brochure toutes les pièces qui, au contraire, démontrent que tous, officiers, sous-officiers et soldats de ces armées, avons noblement fait notre devoir, ainsi que nos chefs directs en témoignent hautement.

Le commandant de l'armée du Nord vient d'expliquer simplement ce que l'on peut attendre du patriotisme de soldats-citoyens; M. le général Chanzy va publier également ce qu'a fait la 2me armée de la Loire; je ne doute pas que, de ce tout, il ne ressorte un enseignement utile à étudier pour ceux qui espèrent un jour de revanche.

En ce qui nous concerne, je mets aujourd'hui sous vos yeux les titres de noblesse de notre ancien régiment, pour prouver à ceux qui ont servi sous mes ordres que, si je n'ai pu faire récompenser tous ceux qui méritent de l'être, j'ai, du moins, fait tout mon possible pour qu'il en soit autrement.

Grenoble, le 12 juillet 1871.

Le lieutenant-colonel,

A.-A. VIAL.

MINISTÈRE
DE LA GUERRE
—
CABINET
DU MINISTRE
—

Paris, le 9 juin 1871.

Le ministre de la guerre fera examiner avec intérêt les propositions qui ont été adressées en faveur du 27e régiment de mobiles de l'Isère, qui s'est si bien distingué pendant la campagne de la Loire.

Le ministre de la guerre,

Signé: G.-L. DE CISSEY.

A monsieur le lieutenant-colonel Vial.

SSEMBLÉE
ITIONALE

Versailles, 21 juin 1871.

Mon cher Colonel,

Vous ne devez pas douter de mon grand désir de voir récompenser comme il le mérite votre brave régiment, que vous avez si bien e si vigoureusement commandé pendant notre rude campagne d'hiver.

Je voudrais, croyez-le bien, pouvoir vous prouver autrement que par ce témoignage d'estime, combien j'ai été satisfait de vous et de vos soldats. — J'y arriverai peut-être. malgré les difficultés que je rencontre quand je cherche à établir que nous avons existé et fait notre devoir.

Veuillez croire, mon cher colonel, à mes sentiments bien affectueux et bien dévoués.

Signé : Général CHANZY.

A monsieur le lieutenant-colonel Vial, au 27e de mobiles (Isère).

Versailles, le 25 avril 1871.

Mon cher Colonel,

Notre ancien commandant en chef, le général Chanzy, ne néglige aucun effort pour que les troupes qui ont servi sous ses ordres soient récompensées comme elles le méritent. Mais les armées de province, et notamment celle de la Loire, ne sont pas, je le crains, en grande faveur auprès des puissants du jour. Aussi vais-je remettre votre réclamation entre les mains de l'un des députés de l'Isère, en le priant d'intervenir auprès du Gouvernement.

Veuillez agréer, mon cher colonel, l'assurance de mes sentiments dévoués.

Signé : J.-B. JAURÉGUIBERRY.

A monsieur le lieutenant-colonel Vial, au 27e de mobiles (Isère).

ÉFECTURE
du
RONDISSEMENT
MARITIME
—
CABINET
U PRÉFET
—

Toulon, le 19 juin 1871.

Mon cher Colonel,

Je regrette vivement que les récompenses demandées en faveur du 27e régiment de mobiles n'aient pas encore été accordées. Ce corps a combattu avec courage, avec dévouement, et ses pertes prouvent sa valeur.

Quant à vous, colonel, vous vous êtes noblement acquitté d'une tâche difficile ; en vous suivant au feu, vos officiers comme vos soldats marchaient sur les pas d'un chef aussi brave que digne d'être obéi.

Recevez, mon cher colonel, l'assurance de ma considération la plus distinguée.

Le vice-amiral, ex-commandant du 16e corps à l'Armée de la Loire,

Signé : J.-B. JAURÉGUIBERRY.

A monsieur le lieutenant-colonel Vial, au 27e régiment de mobiles (Isère), à Grenoble.

Marseille, le 11 juin 1871.

Mon cher Colonel,

Votre lettre du 1er juin a mis quelque temps à me parvenir, parce que j'étais absent de Marselle au moment où elle y est arrivée, et je ne l'ai trouvée qu'à mon retour. C'est avec le plus grand plaisir que je vous adresse ci-joint un témoignage de ma satisfaction pour la conduite de votre régiment et la vôtre personnellement, pendant le temps que vous avez combattu sous mes ordres dans la campagne de la Loire, où nous avons tant souffert sous tous les rapports. Je regrette que vous ne m'ayez pas fait cette demande plus tôt, car mon témoignage écrit vous eût peut-être été utile à Versailles. Je serais heureux qu'il pût vous servir à obtenir une position civile, dans votre pays, comme récompense de votre dévouement dans les circonstances douloureuses que notre malheureux pays a eu à traverser.

Recevez, mon cher colonel, l'assurance de mes sentiments les plus distingués et affectueux,

Signé : Général CAMÔ,

Ex-commandant la colonne mobile de Tours.

A monsieur Vial, lieutenant-colonel du régiment de mobiles (Isère).

Je soussigné général commandant en chef la colonne mobile de Tours (Armée de la Loire en 1870) certifie que M. Vial, lieutenant-colonel, commandant le 27e régiment de l'Isère, a combattu sous mes ordres aux affaires de Foinard-Beaumont 7 décembre, Beaugency 8 décembre, Tavers 9 et 10 décembre, Vendôme 15 décembre, avec courage dévouement et distinction; son régiment, placé dans des positions dangereuses, les a défendues avec ténacité sous son énergique direction et a beaucoup souffert : 16 officiers et 800 hommes ont été mis hors de combat pendant ces rencontres meurtrières, et l'on peut dire que les enfants de l'Isère, dignes descendants des soldats d'Egypte, ont vaillamment fait leur devoir.

Le général commandant,
Signé : C. CAMÔ.

A monsieur le lieutenant-colonel Vial, commandant le 27e régiment de mobiles (Isère).

Nevers, le 20 juin 1871.

Mon cher Colonel,

Je suis en retard avec vous et je vous prie de m'excuser, j'ai été très-occupé depuis quelque temps ; c'est ce qui m'a empêché de vous adresser la lettre ci-jointe.

Je vous avais écrit cette lettre au moment où je quittais Châtellerault, ainsi que vous m'en aviez fait la demande; je vous exprimais pour vous et pour votre excellent régiment, ma haute estime et toute ma satisfaction.

Je ne puis m'expliquer qu'elle ne vous soit pas parvenue, et je suis heureux de pouvoir réparer, quoi que trop tardivement, cette regrettable lacune.

Je suis indigné de l'oubli dans lequel on laisse la division. et cependant le sang versé sur les champs de bataille de l'armée de la Loire était aussi du sang français, aussi pur, aussi précieux que celui des autres, et nous ne l'avons pas marchandé pour lutter contre l'envahisseur. Nous n'avons pas chassé l'Allemand du sol sacré de la patrie, mais dans cette lugubre guerre qui donc a tenu la victoire plus que nous?

Au lieu de ces mépris blessants et injustes, ne devait-on pas plus tôt respecter en chacun les services rendus, unir notre armée au lieu de la diviser, afin d'avancer le jour de la vengeance.

Votre régiment était discipliné et parfaitement tenu, je n'ai jamais eu que des éloges à vous faire, et je suis désolé qu'on n'ait pas pris en meilleure considération vos excellents services.

Agréez, mon cher colonel, l'expression de mes sentiments affectueux et dévoués.

Le général,

Signé: G. de Curten.

P. S. — Aussitôt que je pourrai avoir les archives de la division qui étaient restées à Paris, je vous adresserai l'historique de la 3e division complet et détaillé.

A monsieur le lieutenant-colonel Vial, au 27e régiment de mobiles (Isère).

16e CORPS — 2me DIVISION — E GÉNÉRAL

Châtellerault, le 18 mars 1871.

Mon cher Colonel,

Au moment où la division vient d'être licenciée et où je me sépare de vous et de votre brave régiment, je ne veux pas manquer de vous exprimer tout le regret que j'éprouve.

Dites au 27e régiment de mobiles, à ces jeunes et intrépides soldats de l'Isère, que je n'oublierai jamais leurs courageux efforts devant Château-Renault et Laval, et toute la part que, sous l'intelligente direction de leurs valeureux chefs, ils ont prises au succès de ces journées.

Conservez ainsi qu'eux, mon cher colonel, un souvenir à votre ancien général, et comptez toujours sur son entier dévouement.

Le général,
Signé : G. DE CURTEN.

A monsieur le lieutenant-colonel Vial, du 27e régiment de mobiles (Isère).

14e DIVISION
MILITAIRE

—

1re SUBDIVISION

—

Bordeaux, le 2 juin 1871.

Mon cher Colonel,

J'apprends avec regret que vous n'avez pu faire agréer la demande de continuer vos services militaires si appréciés de tous.

La réponse qui vous a été faite n'a certainement rien qui vous soit personnelle. Il a été arrêté en principe que l'on ne devra accepter les offres des anciens officiers qui ont repris du service pendant la guerre, qu'après le placement des officiers qui étaient en captivité (1).

Cela pourra durer très-longtemps attendu qu'ils sont très-nombreux ; aussi, je souhaite que vous puissiez utiliser votre énergie, dans le civil. Je serais très-heureux de contribuer à vous faire obtenir une situation en rapport avec la position que vous aviez à l'armée. Disposez donc de moi. Je suis tout prêt à faire connaître, par écrit, ce que j'ai dit bien haut pendant la campagne : que j'avais en vous un brave et digne auxiliaire dont j'ai répondu comme de moi à M. le vice-amiral notre général en chef.

Agréez, mon cher colonel, la nouvelle assurance de mes sentiments affectueux et bien dévoués.

Le général,
Signé : L. BOURDILLON.

A monsieur Vial, ex-lieutenant-colonel du 27e régiment de mobiles (Isère), armée de la Loire.

---

(1) Mais que deviennent donc les décrets des 14 et 24 octobre 1870 ?

Nous avons raconté ici, simplement, sans parti pris, tout ce qui est parvenu à notre connaissance.

Il s'est peut-être produit dans notre récit des oublis regrettables. Nous confessons qu'ils sont involontaires : Nous avons écrit tout ce que nous savions ; et si cet historique n'a pas d'autre mérite, il a du moins celui de la sincérité.

Ajoutons enfin que, le 3 octobre 1871, le lieutenant-colonel commandant l'ex-27e régiment de mobiles de l'Isère, adressait à M. le Ministre de la guerre, avec l'historique du régiment, la lettre suivante, dont voici un extrait.

Puisse ce dernier appel fait en faveur de nos compatriotes être entendu de M. le général de Cissey :

« En conformité de votre circulaire du 21 juil-
« let 1871, qui m'a été communiquée le 24 août
« dernier, je me suis empressé, Monsieur le Mi-
« nistre, d'établir l'historique du 27e régiment
« provisoire d'infanterie mobile de l'Isère, que
« j'avais l'honneur de commander....

«.....Poursuivant le but que je désire attein-

« dre, bien que je sois peut-être importun, j'ose « rappeler à votre souvenir les mémoires de « propositions de récompenses établis en faveur « des officiers et soldats de mon ancien régiment, « qui n'ont pas encore reçu une solution favo- « rable.

« Votre bienveillance pour l'armée, qui m'est « connue depuis longtemps, votre haute équité, « me font espérer que vous voudrez bien pren- « dre en sérieuse considération la demande d'un « chef de corps, bien désireux de voir récom- « penser ses anciens subordonnés comme ils « méritent de l'être.....»

Notre tâche serait donc achevée, si, avant de clore cet ouvrage, nous ne pensions pas être agréable à nos lecteurs, en leur faisant connaître quelques-unes des pensées qui nous ont été suggérées par nos derniers et immenses revers.

VII

L'armée en 1870 et 1871. — Bases fondamentales qui doivent servir à la réorganisation de nos nouvelles forces militaires (1). — Ce qu'était la mobile en 1870. — Devoir du gouvernement après la Révolution du 4 septembre. — Organisation des forces disponibles.

Nul n'ignore que la loi du 1er février 1868, sur le recrutement de l'armée, et les agissements de l'empire, avaient mis le plus grand désordre dans nos forces actives ; parce que l'esprit, l'âme de

(1) Ce que nous allons dire dans ce chapitre n'est pas nouvellement écrit. Déjà, en 1867, nous avions traité longuement ce sujet, dans un travail que nous avions remis à un Député de l'opposition, qui, bien entendu, ne fut pas écouté lorsqu'on discuta la loi sur l'armée du 1er février 1868.

nos anciennes armées permanentes n'existaient plus dans la partie de nos contingents sous les drapeaux. C'était encore pis dans nos réserves. Ces soldats, mécontents d'être tirés de leurs foyers, où ils se croyaient libres, se sont montrés très-indisciplinés, dès qu'ils ont dû reprendre le harnais militaire. Quant à la garde mobile, ce n'étaient pas des soldats, ce n'étaient même pas des conscrits ; et eux aussi, se croyaient libérés de tout service actif.

A quoi attribuer cette décadence morale ?

D'abord, à l'introduction de la loi du remplacement, qui nous a laissé croire qu'un citoyen, moyennant de l'argent, pouvait se dispenser de concourir à la défense générale du pays ; de sorte que la génération militante ne s'occupait aucunement de ce qui pouvait assurer la grandeur et la sécurité de la France.

En ce qui concerne l'armée proprement dite, l'Algérie aida, aussi, puissamment à sa démoralisation, parce que la vie du soldat y était une condition de paix avec les désordres de la guerre, sans que le danger qu'il avait à courir fût assez grand pour arrêter l'effet démoralisateur de l'occupation par les conquérants.

La discipline se relâcha, et les excès auxquels cette armée se livra détruisirent chez le soldat le respect de lui-même.

Bonaparte, en homme habile, bien éclairé sur cet état de choses, par les Saint-Arnaud, les Fleury, les Rochefort, les Magnan, les Canrobert, etc., trouva, dès lors, son intérêt à gagner cette armée sur laquelle il comptait pour le soutenir.

Le pacte fut promptement ratifié de part et d'autre, d'autant plus qu'on ne demanda à ces prétoriens que de l'attachement à la dynastie impériale pour obtenir de l'avancement. Crier vive l'Empereur tenait lieu de qualités et de talents militaires.

Ce n'est pas tout : le luxe se glissa dans l'armée; c'est-à-dire qu'on préféra un lâche amour de soi, les frivolités d'une vie mondaine, luxurieuse et facile, à une mâle abnégation de tout ce qui n'est pas devoir, de tout ce qui ne rapportait pas jouissance et profit.

Ceux qui ne se laissèrent pas entraîner dans cette voie; ceux qui étaient fiers d'avoir chèrement payé leurs grades, vivaient seuls, oublieux et rancuniers, froissés des avancements fabuleux que le *Moniteur Officiel* portait à leur connaissance à des époques déterminées : la fête du Chef de l'Etat, celle de sa femme, ou bien celle de leur chétif héritier présomptif.

On aurait dit qu'il y avait deux lois sur l'avancement, mais une seule manière d'obtenir des grades : plaire aux puissants du jour, ou être fils ou parent d'un député bien pensant, d'un sénateur, d'un général de l'empire, et surtout d'un haut dignitaire de l'église ultramontaine.

Il advint de cette situation que les travailleurs ne s'occupèrent plus, et qu'on se dit : à quoi bon étudier, puisque le savoir ne mène à rien ? Puis, par lassitude ou pour tout autre motif, ces officiers d'élite suivirent les exemples des autres, en ne fréquentant plus que les cafés; et ce qu'ils avaient appris du métier de soldat, ils cherchèrent à l'oublier.

N'omettons pas de relater aussi que des besoins

nouveaux, des modifications morales et matérielles s'étaient introduits, de notre ordre social, dans les rangs de l'armée, et que, grâce à l'empire, le peuple français, en général, avait perdu toute virilité, toute rectitude de jugement, tout sentiment patriotique.

Oh! la triste époque.

Dans quelques années, on se demandera avec stupeur, comment un peuple si brave, si enthousiasme de ce qui est beau et grand, a pu tomber dans un degré d'avilissement aussi complet.

A notre honte, proclamons-le bien haut, la génération qui nous succédera dira qu'il a fallu la funeste guerre de 1870, les effroyables catastrophes militaires que nous venons de subir, pour nous faire sortir de notre torpeur, pour nous faire voir l'abîme où les plébiscitaires allaient engloutir, eux, nous et la France. Enfin, pour nous rappeler à l'accomplissement des devoirs qui incombent à l'homme digne de porter ce nom: ceux de défendre le sol sacré de la patrie et de vivre libre.

Or, une armée qui ne vit pas du même souffle

n'est pas une armée. Elle peut être brave, et certes nos soldats ont prouvé leur valeur ; mais la confiance dans les chefs, la discipline, n'existaient plus.

Nos désastres arrivèrent. Metz succéda à Sédan, et puis encore d'autres malheurs s'amoncelèrent sur notre noble patrie ; on crut tout perdu.

Cependant la France se réveilla, le peuple se fit soldat : un moment, on espéra vaincre. Nos jeunes soldats, fiers de voir leurs efforts applaudis par leurs frères prisonniers, acclamèrent leurs protestations contre l'empire, leur dévouement à la patrie.

Ce furent de beaux jours ceux qui nous apportaient les journaux belges où l'on trouvait des noms chers à nos cœurs qui, de tous les points de l'Allemagne, nous criaient : Courage !

Ah ! l'homme de Sédan, ses familiers de Wilhemlshœhe, s'il leur restait un cœur, durent bien souffrir du sourire de pitié, du dégoût que soulevaient leurs machinations infâmes, pour attirer à eux ces braves soldats qu'ils avaient si honteusement livrés à l'Allemand.

Oui, un jour, la France n'eut qu'une seule âme. Mais, à son tour aussi, notre jeune armée fut vaincue, et il fallut penser à la paix, puisque nous n'avions pas la virilité de combattre à outrance ; puisque nous avions oublié ce que peut faire un peuple animé de sentiments véritablement patriotiques ; puisque nous ne nous rappelions plus l'exemple de l'Espagne de 1808 à 1812, ni celui des Arabes, et, naguère, l'héroïque résistance du Mexique.

La France eut peur, et sous ce sentiment qui était inconnu de nos pères, on marcha au scrutin, votant pour quiconque voulait la paix à tout prix.

Que sortit-il de l'urne du suffrage universel ? Un amalgame de noms qui, par leurs idées, leurs sentiments, leurs passions, ne formèrent aucune homogénéité. C'étaient des hommes pour la plupart à idées préconçues, à passions politiques personnelles ; mais on cherche en vain parmi eux un parti vraiment national. Alors, des fous ou de misérables ambitieux se révoltèrent contre leur patrie, et Paris faillit périr.

Cette monstrueuse révolte fut bien funeste à la liberté ; car ceux qui se servent de tous les prétextes pour entraver tout ce qui est progrès, saisirent avec une joie peu déguisée le moyen qui se présentait à eux pour relever leurs drapeaux anti-républicains, en s'appuyant sur l'armée qui nous revenait de captivité.

Tant que le danger fut imminent, l'armée de Versailles, qui comptait, outre celle venant d'Allemagne, 3 bataillons de chasseurs à pied, 21 régiments d'infanterie, dits de marche, 9 régiments de cavalerie et 14 batteries d'artillerie, ayant appartenus à la 2e armée de la Loire, combattit vaillamment. Ces deux fractions des forces françaises, en présence des insurgés, n'eurent qu'une volonté : celle de vaincre. Elles ne furent animées que d'un même sentiment : celui de sauver d'un immense désastre la capitale du monde civilisé ; mais, après la prise de Paris, on s'aperçut promptement qu'une funeste rivalité divisait ces vaillants.

C'est que la fraction qui rentrait d'Allemagne, bien que magnifiquement récompensée pour la glorieuse lutte qu'elle venait de soutenir autour et dans Paris, se crut lésée dans ses droits; parce que l'avancement qui avait eu lieu en son absence, avait été distridué à ceux qui s'étaient battus sous le gouvernement de la Défense nationale. De là des récriminations; de là des plaintes formulées, d'abord timidement, puis plus ouvertement, dès qu'ils s'aperçurent que l'Assemblée nationale, le gouvernement du pays, contestait aux Gambettistes les grades que la plupart avaient cependant vaillamment acquis.

Les anciens errements de l'armée de l'empire reprirent leur cours, et la désunion, la discorde, se mirent entre les deux fractions d'une armée qui n'aurait dû avoir qu'une pensée unique : s'unir, afin d'arriver promptement à l'heure de la vengeance; les anciens et les nouveaux officiers, mettant en commun, les uns, leur expérience, les autres, leur envie d'égaler leurs aînés pour atteindre ce but.

Si l'Assemblée nationale, qui voyait le malaise général, eût été animée d'un véritable patriotisme, elle eût aussitôt travaillé à l'apaisement des esprits. Mais, loin d'agir ainsi, elle prit une décision qui nous eût précipités à jamais dans l'abîme, si nous n'espérions que l'amour de la patrie ne finisse par arrêter les récriminations qui se produisent, déjà, chez ceux que la commission des grades a frappés.

Est-ce à dire que nous approuvons la constitution de cette commission ? Loin de là est notre pensée. C'est, au contraire, le dissolvant de toute discipline ; car ses décisions, seraient-elles le résultat des plus mûres réfléxions, inspirées par le plus profond respect de la justice, elles ne semblent relever que du bon plaisir de ses membres, parce qu'elle se prononce sans débats contradictoires, et qu'à l'époque troublée que nous traversons, on ne doit procéder qu'au grand jour, pour éviter toute fausse interprétation de la part du public et des intéressés.

Si nous nous étendons longuement sur cette question, c'est qu'elle est brûlante d'actualité. S'il y a eu des avancements peu justifiés ; si des officiers ne méritent pas les grades qui leur ont été conférés ; s'il y en a dont la conduite doit être réprimée; pourquoi ne s'est-on pas servi des tribunaux militaires? Nous voulons parler des conseils d'enquête et des conseils de guerre.

Nous devons le répéter encore, pour que personne ne l'oublie: le grade, d'après la loi, étant la propriété de l'officier, il n'y a que l'indigne que la loi doive atteindre.

N'oublions pas surtout que l'injustice agrandit les désunions, et que trop de sévérité peut justifier la conduite de ceux qui transgressent les lois suprêmes de la discipline militaire.

Une récente circulaire d'un ministre de la République dit « que la forme du gouvernement de la France exige, plus que tout autre, le respect absolu des lois. » C'est excellemment bien dit. Mais, devant certaines faveurs accordées à des personnages que nous croyons inutile de nommer, que voulez-vous que pensent ceux qui, sans jugement régulier, se voient retirer des grades que quelques-uns d'entr'eux ont acquis en versant leur sang pour la patrie, ou qui avaient fait le sacrifice de leur vie, du jour où ils ont repris du service pour combattre le barbare ennemi qui souillait notre sol?

Détruire le principe égalitaire qui est le fondement de notre ordre social, c'est arrêter à jamais tout patriotisme ; car l'homme de nos jours, comme celui d'autrefois, s'il fait volontiers le sacrifice de sa vie lorsqu'il est animé par de nobles sentiments, c'est aussi, il faut le dire, dans l'espérance d'en tirer honneur et profit pour lui et les siens.

Puis, détruire ce qu'un gouvernement a fait, quand il ne s'agit que d'intérêts individuels, n'est-ce pas détruire également le respect qu'on doit à la loi ?

Si l'Assemblée nationale s'était inspirée de ces sentiments, si elle s'était demandée ce qu'il serait advenu si l'armée de la Défense nationale avait été vainqueur ; si les Français avaient eu le droit de brûler leur dernière cartouche, de sacrifier des hommes et des hommes pour sauver au moins l'honneur de la France ; si les officiers nommés ou promus à divers grades l'avaient été par un gouvernement acclamé par la France entière, nul ne peut douter que sa décision eût été tout autre.

Là est la question, toute la question.

Nous n'y répondrons pas, elle se devine. Mais nous nous croyons en droit d'ajouter que, vainqueurs, les armées de provinces, les *Gambettistes*, comme on nous appelle, auraient ouvert leurs rangs à leurs frères revenant de chez l'ennemi avec bonheur, avec joie; car, elles n'auraient pas oublié que, prisonniers, leurs vœux avaient été pour la France, pour la gloire de nos armes; et que, comme nous, ils avaient joint leur haine à notre haine éternelle contre la dynastie des Bonaparte.

Que doit-on déduire de ce qui précède?

Que, ainsi que nous l'avons dit, les indignes seuls doivent être exclus de l'armée; qu'un grade conféré ne peut recevoir un effet rétroactif, à moins de jeter dans l'armée, entre les citoyens, un esprit de discorde qui sera bien difficile à éteindre. Ne donnons donc pas prise à aucun *pronunciamento*, qu'il vienne de nombreux mécontents ou qu'il soit le fait d'un ambitieux qui saura profiter de ce funeste état de choses. Nous avons déjà assez à faire pour amener tous les

Français à la concorde, à ne plus penser que l'avenir de notre patrie ne dépend pas de telle ou telle dynastie monarchique, mais bien du gouvernement de tous par tous. Et quand, patiemment, laborieusement, fraternellement, nous n'aurons plus qu'un parti chez nous: celui de la France, nous serons certains d'assurer sa grandeur, sa propérité au dedans; car la démocratie, pour laquelle nous avons livré tant de combats, sera unanimement fondée. En même temps, croyez-le bien, notre prépondérance au dehors ne sera plus contestée, et la France redeviendra la grande nation.

Tels sont nos vœux, telles sont nos pensées. Et maintenant que nous venons de dire, ce qu'était notre armée en 1870, ce qu'elle est en 1871, bien que nous n'ayons parlé que sur des points déterminés, expliquons en peu de mots quelles sont les bases fondamentales qui doivent servir à la réorganisation de notre nouvelle armée. Nous ne parlerons que des cadres et du recrutement, ne voulant pas entreprendre ici l'immense travail relatif aux réglements intérieurs, à la formation des écoles régimentaires, à l'administration, à la division de l'armée en partie active et en réserve ; comme aussi de la solde, de la retraite, des décorations, etc.

Contentons-nous donc de dire que l'avancement, fruit du travail, du savoir et des services rendus, doit être donné au concours, pourvu que le candidat présente les qualités morales qu'on est en droit d'attendre d'un chef. Car la science, le savoir, l'intelligence ne donnent pas à l'homme le caractère et le courage. Ainsi, il faut que le règlement militaire sur l'avancement soit assez élastique pour que, en tout temps, celui qui méritera d'arriver au commandement puisse toujours être choisi de préférence à tout autre, quels que soient son âge, son ancienneté de grade, dès l'instant qu'il est le plus capable. Enfin, nous sommes tellement désireux de voir se former des cadres ne comptant que des officiers d'un mérite réel, indiscutable, que, à titre d'essai, nous accepterions la nomination au choix des égaux et même à celui des inférieurs, pourvu que les candidats aient subi l'épreuve du concours.

C'est l'unique moyen d'obtenir de l'émulation, une juste ambition dans les rangs de l'armée : qu'on se rappelle les noms des généraux en chef qui, à vingt et quelques années, gagnaient de brillantes victoires.

Avec de trop vieux officiers, avec un mode d'avancement trop favorable à l'ancienneté, l'armée devient stationnaire; le talent, l'émulation se découragent, l'avenir se décolore et le présent succombe sous un véritable marasme. Et la considération, la confiance qu'inspirent les supérieurs s'altèrent en proportion de ce que les chefs trop âgés offrent moins de garanties de talent, d'activité et d'énergie.

C'est ainsi qu'on parvient à priver l'armée d'esprit militaire ; ces légions d'hommes végètent et l'on arrive ainsi à avoir des revers inouïs.

On compte sur des vétérans, on n'a que des invalides ou des *ramollis*.

Ouvrez les annuaires militaires des années qui viennent de s'écouler, vous y lirez les noms d'officiers qui, sortis de nos écoles militaires comme sous-lieutenants, à l'âge de 20 ans, étaient en-

encore officiers subalternes à 45 ou 46 ans.

Il faut avoir entendu les plaintes de ces *mal-contents*, de ces *dévoyés*, pour comprendre, sous leurs airs insouciants, combien il y avait de regrets sous ces têtes grisonnantes qui n'avaient plus d'espoir, si ce n'est celui d'atteindre le grade de chef de bataillon avant d'arriver à leur trentième année de service.

Est-ce une position ? Ce tardif avancément peut-il faire battre un cœur qui n'a plus d'émulation ?

Non certainement, car chez cet homme tout se sera envolé avec ses illusions perdues : on ne reste pas impunément les trois quarts de sa vie dans une position subalterne, souvent besogneuse, sans que le caractère le mieux trempé ne s'amollisse et ne doute de lui-même.

Afin de faire parfaitement saisir à nos lecteurs combien il est urgent de remédier à un état de choses qui a porté le découragement dans l'esprit des officiers de notre ancienne armée, nous allons donner quelques chiffres qui expliqueront la position mieux que nous ne le ferions autrement.

Ce travail a été fait en juillet 1867 et pris sur l'*Annuaire militaire* de 1866.

Les régiments qui ont servi de base à notre opération ont été pris au hasard.

Le 75e régiment d'infanterie avait, en 1866, un lieutenant dont la promotion remontait à 1854. Deux étaient de 1855 et deux autres de 1856. Enfin il y avait trois sous-lieutenants dont les nominations remontaient à 1857.

Dans 12 régiments d'infanterie, pris dans les 26 premiers de cette arme, le même annuaire donnait les anciennetés suivantes; 4 régiments avaient des lieutenants de 1855, 6 en avaient de 1856, et deux de 1857.

En ce qui concerne les sous-lieutenants, nous avons trouvé dans ces mêmes régiments : 1 régiment ayant un sous-lieutenant de 1856, 4 en avaient de 1857 et 3 autres de 1858 ; enfin, 4 en comptaient de 1859.

La moyenne d'ancienneté, dans chaque grade, était donc de dix années. A ce compte, un élève sortant de l'école de Saint-Cyr ne pouvait espérer le grade de chef de bataillon qu'après 25 ou 30 ans de service. Quant à ceux sortant des rangs de la troupe, sauf de rares exceptions, ils ne cherchaient guère à courir après les épaulettes à gros grains.

La cavalerie était un peu mieux partagée. Mais là encore il y avait bien des déboires. Le 7e régiment de hussards avait deux sous-lieutenants dont l'ancienneté ne remontait qu'à 1859; par contre, trois autres étaient de 1855, suivis de trois autres ayant dix ans de grade (1).

---

(1) A propos de cavalerie, puisque nous parlons ici de son avancement, disons que nos officiers de cette arme ne se sont guère inspirés de leurs devanciers : les Curély, les Lassalle, etc. Qu'ils lisent l'ouvrage du général de Brack, « *Souvenirs d'avant-postes*, » ils y verront des faits d'armes autrement grandioses que ceux de MM. les Ulhans. On voyait alors la cavalerie légère opérant à des 30 ou 40 lieues des corps d'armées, prendre des villes, terrifier les populations par des coups de main si audacieux que de nos jours ils nous paraissent légendaires. Enfin, comme les Prussiens d'aujourd'hui, notre cavalerie couvrait tous les mouvements de nos armées d'un réseau qui enveloppait si bien l'ennemi, qu'il ne savait jamais quels coups nous lui préparions. C'est le véritable rôle de cette arme, et il est bien fâcheux qu'on ne s'en soit aperçu qu'après cette malheureuse guerre.

Le plus ancien chef de bataillon d'infanterie était du 30 décembre 1852, et le plus ancien capitaine de la même arme, du 8 février 1851. Le premier avait conséquemment 14 ans et demi de grade et le second 15 ans et 5 mois.

Ainsi, si l'on compte le temps qu'il fallait alors pour arriver au grade de capitaine, si l'on n'oublie pas que ces officiers ne gagnaient à l'ancienneté que vingt rangs par année, sur une moyenne de soixante et dix promotions de commandants, promotions prises sur 3,630 capitaines, on sera de notre avis : il y a quelque chose à faire dans l'intérêt de l'armée.

On arrivera à un bon résultat, si l'on ne comprend, dans la partie active de l'armée, que des officiers propres à faire un beau service de tous les instants, et en faisant passer dans la réserve tous ceux qui sont affaiblis par l'âge, par les fatigues de la guerre, ou par tout autre motif ; ou bien encore, en réduisant le temps nécessaire pour avoir droit à l'obtention de la pension de retraite, et aussi en diminuant la limite d'âge des officiers que l'on conserve dans les cadres après l'époque fixée pour la retraite.

En outre, il faudrait également laisser à chacun la faculté d'entrer dans la réserve, dès qu'il aura fait un nombre d'années de service dans l'armée active, à déterminer.

Enfin, pour rendre justice à tous, comme la dernière guerre a donné une surabondance d'officiers de tous grades, il faudrait profiter de la nouvelle réorganisation de nos forces militaires pour les replacer, soit dans l'armée active, soit dans la réserve ; ne se laissant guider, dans les choix à faire, par aucune autre considération que celle de l'aptitude de l'officier.

En effet, pourquoi remonter à l'origine du grade acquis, lorsqu'il y a certainement, dans l'ancienne armée, des officiers qui sont moins en état de servir activement que tel autre de la nouvelle armée qu'on laisse en *non activité ?*

Il y a, en vérité, un fait indiscutable, c'est que tous les officiers nommés par le gouvernement de la Défense nationale l'ont été en vertu de lois qui ne sont et ne peuvent être contestées. D'autre part, il y a eu un contrat synallagmatique entr'eux et l'Etat. Les décrets des 14 et 24 octobre 1870 prouvent surabondamment que nos appréciations sont irréfutables, par la raison qu'une des parties contractantes ne peut pas, selon son bon plaisir, détruire ce à quoi elle s'est engagée, sans le consentement de la partie avec laquelle elle s'est liée.

Voilà ce que nous avions à dire au sujet de la formation des cadres d'officiers, qu'on pourra toujours rendre excellents, si nous donnons à tous soldats sous les drapeaux une bonne instruction; instruction qui les suivra dans la vie civile où ils apporteront, avec des éléments de discipline, d'ordre, une somme de connaissances en rapport avec leurs facultés intellectuelles et le temps qu'ils auront consacré à s'instruire.

Mais, arrêtons-nous; car si nous nous laissions guider par le grand désir que nous ressentons d'étudier toutes les questions relatives à la nouvelle réorganisation de notre armée, nous dépasserions, avons-nous dit, le cadre dans lequel nous voulons nous renfermer. Pour terminer, attachons-nous donc seulement à la question principale, le *sine qua non* de notre régénération militaire. Nous voulons parler du service obligatoire.

Il est superflu de discuter ce qui n'est contesté par personne : la nécessité, pour la France, d'un état militaire imposant, pour qu'elle soit puissante au dehors et paisible au-dedans, dès qu'elle aura reconquis ce qu'un régime ignoble lui a fait perdre.

Pour en arriver là, que faut-il ?

Il faut que tout citoyen valide, marié ou non, de 20 à 35 ou 40 ans, soit soldat.

On est Français au même titre : on doit être soldat au même titre.

Est-ce à dire que nous demandons une immense armée permanente ? Ce n'est nullement notre pensée.

Ce que nous voulons, c'est que chaque citoyen soit soldat, instruit et discipliné, obéissant aux lois pour que la mobilisation des armées se fasse avec ordre, régularité et patriotisme. Pour arriver à cet heureux état de choses, il ne faut que des cadres permanents et des exercices rapprochés et savamment combinés.

Agir autrement serait détruire à jamais nos finances.

La France se doit à elle-même cet immense sacrifice, le plus grand qui puisse peser sur les peuples ; mais qui entre, aujourd'hui, comme un élément indispensable dans notre ordre social, si nous voulons rester ce que nous avons été : le peuple guide de toute liberté.

Un temps viendra, sans doute, où les lumières plus répandues, l'empire des arts de la paix ayant adouci les mœurs, les peuples, comprenant mieux leurs intérêts, se proclameront libres, détruiront les trônes et l'esprit funeste, toujours ruineux des conquêtes.

Alors, seulement alors, on pourra réduire d'une manière considérable cet impôt du sang et les armées permanentes qui, sous les rapports des finances, de l'agriculture et de l'industrie, en entraînent d'autres bien plus considérables.

Ainsi, pas d'exemption, égalité pour tous devant le devoir, qu'il s'agisse des élèves des grands séminaires, de tous autres cultes, des membres de l'enseignement, des élèves de l'école normale, des jeunes langues, etc., etc.

Pour les premiers, ces malheureux qui n'ont plus de famille du jour qu'ils sont prêtres, sera-ce un malheur que de les faire vivre quelques années au milieu des leurs, pour qu'ils apprennent leur devoirs de citoyens ?

Nous ne le pensons pas.

A vingt ans, lorsque, dès leur bas âge, ils ont été séquestrés du monde, peuvent-ils s'éclairer entr'eux sur l'énormité des engagements qui doivent, plus tard, à l'âge des passions, leur faire regretter de n'être plus libres de leur personne ?

Evidemment non.

Etudiez comment on les amène à prendre une pareille voie, si en désaccord avec les lois de la nature. Vous verrez qu'on leur représente le monde comme un lieu de perdition qu'ils doivent fuir s'ils veulent sauver leur âme. Quant à leur apprendre ce qu'on se doit entre prochains, leurs devoirs nationaux, on n'y pense pas ; si, cependant, on leur dit : Vous n'avez plus qu'une patrie : Rome; une mère : l'Eglise; un chef : le Pape, le réprésentant de Dieu. Votre famille charnelle, vos amis d'enfance, n'existent pas; vous ne vous appartenez plus.

Aussi, quelle doit être leur existence, lorsque mis en contact avec les misères et les passions humaines, ils sont initiés à une vie qu'ils ne connaissaient pas?

Ét quand ils s'aperçoivent qu'ils ont un cœur et qu'ils ne peuvent aimer, quel bouleversement doit avoir lieu en eux! Quelle révolte terrible doit exister sous leur crâne!

Est-ce à dire qu'ils peuvent échapper à ce réveil de l'homme?

Non, parce que la confession, cette arme dangereuse qu'on met imprudemment dans les mains des jeunes prêtres, les entraîne forcément, irrésistiblement, hors de leurs devoirs, car leur cerveau n'est pas atrophié?

Est-il possible qu'ils puissent écouter froidement les douces voix de leurs jeunes pénitentes, sentir leur haleine s'imprégner de la suave chaleur qui se dégage de leurs beaux corps, sans ressentir des désirs qui, pour eux, sont toujours criminels, et qui, tôt ou tard, les précipiteront dans une voie sans issue, dans un abîme d'où ils ne sortiront que marqués d'infamie! Pauvres souffre-douleurs! Nepouvoir aimer sans souiller l'habit qu'ils portent, sans jeter le déshonneur sur la famille, sur la personne pour lesquelles, souvent, ils donneraient leur dernière goutte de sang. Nouveaux Prométhées, ils sont cloués, rivés à une chaîne qui les maintiendra toute une longue vie dans un supplice inqualifiable.

Eh bien! nous ne voulons pas pour eux d'une semblable existence. Législateurs, brisez leurs chaînes! mêlez-les à la vie des hommes à l'âge d'homme, en leur faisant supporter les charges qui incombent à chaque citoyen dans la société humaine. Puis, leurs devoirs accomplis, libres de leurs personnes, à eux de voir s'ils se sentent capables de porter honnêtement le fardeau du célibat, de vivre séparés du monde et de toute famille.

Quant aux jeunes gens qui se destinent à l'enseignement, aux professions libérales, aux arts, etc., etc.; puisqu'ils sont comme les autres fils de notre mère commune, « la France, » leur devoir est de la défendre.

Plus ils auront acquis de science, de savoir, par suite de leur situation personnelle dans la société qui leur a permis d'étendre leurs connaissances en toutes choses, plus ils doivent à la patrie ; plus grande est leur obligation de lui consacrer quelques années.

Ainsi, pas d'exemption en faveur de n'importe qui.

Le même droit, le même devoir incombant à tous , il nous semble légal de comprendre aussi dans notre armée un certain nombre de jeunes gens qui, de nos jours, sont exempts *de droit* du service militaire, parce qu'ils sont myopes, légèrement boiteux ou bossus ; aussi ceux auxquels il manque quelques dents incisives, ceux qui ont des pères âgés de plus de soixante-dix ans, des fils aînés de veuves, etc., etc.

Dans notre armée, où il faut des militaires sédentaires, tels que des bureaucrates, des ouvriers de diverses catégories, des médecins, des pharmaciens, etc., il sera toujours facile de donner à chacun un emploi approprié aux services qu'il peut rendre.

En effet, malgré les légères difformités physiques des jeunes gens que nous venons de citer, n'exercent-ils pas, dans le *civil*, les métiers dont nous venons de parler, et au mieux de leurs intérêts.

Ainsi, puisqu'ils se rendent utiles à eux-mêmes, à leurs familles, à la société, *étant bourgeois*, ils remplaceront parfaitement nos soldats plus valides, dans nos arsenaux, nos hôpitaux, nos divers ateliers, nos bureaux militaires, etc., etc. Un Nélaton serait-il myope, aurait-il une épaule plus haute l'une que l'autre, ne tiendrait pas moins honorablement sa place dans notre chirurgie militaire. Un ingénieur, un mécanicien, ressembleraient-ils à Esope, rempliraient également très-bien les fonctions qui incomberaient à leur savoir.

Quant aux exemptions, telles que celles des fils ayant un père âgé de plus de soixante-dix ans, des fils aînés de veuves, tous autres cas enfin, elles n'ont pas non plus raison d'exister.

La vie est une; aucune puissance ne pouvant la racheter, faire qu'elle soit quand elle n'est plus; disposer de telles existences en faveur de toutes autres, est une énormité qui ne doit pas entrer dans les lois, dans les sentiments d'un peuple digne d'être libre.

D'autre part, logiquement, est-il raisonnable d'exempter le fils d'un veillard riche parce qu'il a soixante-dix ans? N'en est-il pas de même de l'aîné d'orphelins? l'aîné ou le fils unique d'une veuve ayant de la fortune?

Nous répondons hardiment non.

Mais, objectera-t-on, les pauvres, les familles qui ont besoin des bras d'un fils, comment vivront-ils? Comment pourront-ils se passer de ce soutien naturel?

La question est facile à résoudre: l'Etat doit subvenir à leurs besoins, c'est son devoir; mais l'impôt du sang doit rentrer dans le droit commun. Il serait injuste de chercher une autre solution au droit qu'a chaque citoyen de conserver son bien le plus cher, la vie ! La légalité, l'équité, l'égalité le commandent ainsi. N'est-ce pas une iniquité sans nom que de voir, en lisant les statistiques concernant le recrutement de nos armées, voir, disons-nous, chaque année, 180,000 hommes valides sur 300,000, se soustraire à la loi commune, grâce à nos anciens errements.

Oui, véritablement, une pareille énormité doit cesser.

Quant au remplacement, voire même les substitutions de personnes, nous n'en parlerons pas. Un esprtt sain ne comprendra jamais qu'on puisse acheter la liberté, le sang d'un de ses semblables, avec un sac d'écus!

Mais, nous dira-t-on encore, avec une telle loi vous interromprez toutes les carrières, surtout celles des jeunes gens qui se préparent aux cultes, aux sciences, aux arts, à l'industrie, aux professions libérales, etc.

La réponse ne sera pas spécieuse. En effet, telle serait la vérité, si le législateur ne pouvait, tout en restant dans le droit commun, apporter un adoucissement à la rigueur de cette situation.

C'est-à-dire que, pour des catégories déterminées, on pourra prendre la disposition suivante, fort simple et très-logique.

Au bout d'une année ou dix-huit mois de présence sous les drapeaux, ceux envers lesquels le législateur aurait réservé certains droits en raison de leurs positions dans l'état social, qui rend leur présence indispensable dans la société, seraient appelés à subir des examens sérieux sur tout ce que le soldat doit connaître. Et si leur instruction, dût-elle être supérieure ou égale à celle exigée pour les candidats à l'épaulette, est achevée; on ne trouvera pas extraordinaire leur passage de l'armée active dans l'armée de réserve, parce que la somme de leurs connaissances les rendra toujours aptes à faire de bons soldats, des officiers instruits au cas où la France aurait besoin de leurs services. Mais ces nouveaux dispensés n'en resteraient pas moins liés au service militaire.

Or cette faveur, nous n'en comprenons pas d'autre. Car nous sommes arrivés à une époque de transition sociale qu'il faut résoudre. Faisons donc une loi militaire sage, prudente, égalitaire et progressive ; l'aînée de celles qui devront suivre pour qu'elles ne produisent pas de violentes secousses, mais pour qu'elles accentuent assez nettement les améliorations que le peuple attend; que le pays sente que ses gouvernants sont enfin décidés à marcher dans la voie de tous les progrès réalisables. Evitons, enfin, que le prolétariat ne pose aux classes privilégiées ce dilemme qui a été si violemment résolu en 93 :

« Qu'est-ce que le quatrième Etat? Tout.
« Qu'a-t-il été jusqu'à présent dans l'ordre poli-
« tique? Rien. Que demande-t-il ? Devenir quel-
« que chose. »

Suivons ce qui se passe en Angleterre : nous y verrons le progrès s'accomplir sans lutte, grâce à l'intelligence des classes privilégiées qui, d'elles-mêmes, cèdent chaque jour ce qu'elles sentent bien ne pouvoir retenir.

Qu'il ne soit donc pas dit que nous ne saurons jamais profiter des plus dures expériences du passé, si nous voulons échapper aux crises que les résistances aveugles des privilégiés font naître.

Le temps est passé, celui où l'on traitait d'ennemi de la société ceux qui demandent des réformes sociales, ceux qui cherchent à obtenir le bien malgré les passions et les fautes des hommes, en apaisant leurs souffrances, en les instruisant sur leurs devoirs, pour qu'ils puissent prendre part au grand festin de la vie.

Mais rentrons dans notre sujet, car la question que nous traitons ne peut l'être que par une plume plus autorisée que la nôtre.

Voyons maintenant ce qu'était la garde mobile lorsqu'elle a été appelée à prendre part à la guerre, et comment on aurait pu atténuer ce fâcheux état de choses, si tout en France ne se faisait pas avec une légèreté impardonnable.

Lisons ce qu'a écrit sur ce sujet une plume autorisée: le baron Stoffel, notre ancien attaché militaire près du gouvernement prussien.

« En Prusse, on s'accorde généralement à « regarder notre nouvelle loi d'organisation mi- « litaire comme un progrès, en ce sens qu'elle « consacre, quoique pour le temps de guerre « seulement, ce principe si moral et si juste, « de l'obligation au service pour tous les ci- « toyens (1). Mais on ne comprend pas que le « législateur, après l'avoir admis, se soit enlevé, « par la plus incroyable inconséquence, le moyen « de l'appliquer ; car, en effet, la loi ne permet « pas de donner à la garde nationale mobile la « moindre instruction militaire... Cette loi, après « avoir mis à la disposition du pays, comme « auxiliaire de l'armée active, une force supplé- « mentaire de plus de cinq cent mille hommes, « sous le nom de garde nationale mobile, ajoute « cet inqualifiable art. 9 :

« Les jeunes gens de la garde mobile sont soumis, à moins « d'absence légitime :

---

(1) Selon nous, pas si juste ni si moral, puisque la loi du 1er février 1868 accordait des cas d'exemption.

« 1° A des exercices qui ont lieu dans le canton de la « résidence ou du domicile;

« 2° A des réunions, par compagnie ou par bataillon, « qui ont lieu dans la circonscription de la compagnie ou « du bataillon;

« 3° Chaque exercice ou réunion ne peut donner lieu, « pour les jeunes gens qui y sont appelés, à un déplacement « de plus d'une journée.

« Ces exercices ou réunions ne peuvent se répéter plus « de quinze fois par année. »

« On reste confondu quand on songe qu'une « mesure aussi insensée a pu être proposée et « discutée sérieusement.... »

En effet, le baron Stoffel avait lieu d'être confondu, et nous et bien d'autres l'ont été: la garde mobile n'existait pas, ne pouvait exister dans ces conditions, si l'on voulait compter sur elle comme force militaire.

On a dit que si le maréchal Niel avait vécu, la mobile aurait été organisée et instruite militairement. La chose n'était pas possible; la quintessence même de cette loi qui offrait bien d'autres défectuosités, telles que le principe d'autorité pour les chefs et l'instruction des cadres, qui manquaient complétement, ne pouvait le permettre, dirons-nous encore.

La guerre arrivant, et cet état de choses ne pouvant cesser d'être, voici ce qu'il fallait faire.

Nous serons bref et radical, dût-on nous appeler révolutionnaire...... ou réactionnaire.

Après la Révolution du 4 septembre, il fallait appeler le peuple dans ses comices pour qu'il ait à nommer des députés à l'Assemblée nationale, afin de donner au Pouvoir la force et le droit de commander en maître. Cela fait, appeler sous les drapeaux tous les hommes valides, eût-on dû appliquer la loi martiale pour les contraindre à l'obéissance et à la discipline militaire. Puis, verser dans les cadres de notre ancienne armée tous ces citoyens, qu'il s'agisse de mobilisés, de mobiles, ou d'anciens soldats ; pour de ce tout former des régiments qui, avec le temps, deux ou trois mois au plus, seraient devenus homogènes, grâce aux anciennes traditions militaires. Surtout, si l'on avait ordonné aux officiers en retraite, aux démissionnaires et aux anciens sous-officiers de reprendre du service, sans leur laisser la faculté d'accepter ou de refuser cette noble tâche.

On eût trouvé ainsi des instructeurs de premier ordre ; et, en outre, en faisant un choix parmi les plus jeunes, les plus valides, on se serait procuré des chefs expérimentés qui, adjoints à nos officiers et sous-officiers des dépôts de nos régiments, devaient rendre des services incontestables, dès les premiers jours de cette nouvelle organisation.

Enfin, en doublant ces anciens cadres avec de jeunes mobiles ou mobilisés ayant déjà reçu l'épaulette, on serait arrivé promptement à former un excellent corps d'officiers ; l'utilité du nombre ayant sa raison d'exister, dans une troupe nouvelle, dont l'instruction était complètement à faire. Nous le répétons, tous auraient été employés utilement ; car, s'il manquait aux jeunes officiers la pratique, les connaissances militaires, leur instruction personnelle les aurait promptement amenés à rendre de bons services, leur intelligence suppléant à leur inexpérience.

Il ne faut pas croire que nous exagérons en

écrivant ce qui précède : c'est la plus simple des vérités, parce que la mobile renfermait en elle tous les éléments qu'on doit rechercher chez l'homme, pour faire un bon soldat, un excellent officier.

La constitution de cette nouvelle armée était l'affaire d'un décret. Quant au résultat à obtenir, deux mois pouvaient suffire, si, en même temps, on avait organisé des camps d'instruction et requis toutes les forces actives de la nation pour habiller, équiper et armer ces nouveaux soldats.

Mais, nous objectera-t-on, nous n'avions pas deux mois pour nous préparer? C'est la vérité, jusqu'à un certain point, bien que la bataille de Coulmiers n'ait eu lieu que le 9 novembre. Toutefois, on aurait pu arriver à gagner encore plus de temps, si, au lieu d'avoir eu la fâcheuse idée d'envoyer des masses mal armées, ne connaissant rien du métier, combattre des soldats aguerris et victorieux, on eût arrêté leur mouvement en avant, en dévastant un certain rayon de notre pays, afin de les empêcher de se ravitailler.

Dévaster? va-t-on dire; mais c'est faire le désert dans son propre pays! — Non, c'était le sauver.

Ne coupe-t-on pas le membre d'un homme, quand on a jugé cette opération utile pour lui conserver la vie?

Qu'on réponde à cette objection.

Quant à l'ennemi, croyez bien que cette manière d'opérer l'aurait rendu très-circonspect.

Il n'y a rien de si terrible que le silence du désert: c'est l'inconnu.

Puis, qu'est-ce qu'un million d'hommes noyé dans une population de 40 millions d'âmes? Rien. Car toute armée qui n'échelonne pas ses forces, qui n'assure pas sa retraite, en s'appuyant sur des camps ou des places d'armes, s'affaiblit en s'étendant, l'unité dans l'ensemble des faits de guerre faisant seule la force d'une armée. Puis, Toul, Metz, Strasbourg, Belfort, Paris, etc., ne se défendaient-ils pas?

Mais arrivons à la réalité, en ne nous oubliant pas sur un beau rêve; puisque, en effet, ce n'est qu'un rêve. Hélas, elle était bien triste la réalité!

En effet, jamais un esprit sensé ne pourra admettre qu'on ait voulu organiser une force effective, immédiate, en formant des régiments de mobiles tels qu'ils l'ont été; c'est-à-dire en prenant, même dans les cadres des compagnies, le capitaine-major, les officiers payeurs de détail et les adjudants-majors. Si bien que, 171 hommes étaient souvent commandés par un seul officier.

Aussi, en notre âme et conscience, nous pensons qu'il est de toute justice de rendre hommage aux services rendus par la mobile; parce que, dès que ces jeunes gens ont été sous le feu de l'ennemi, ils ont compris leur devoir et se sont vaillamment battus.

Nous prenons pour juge de cette cause l'ennemi que cette lutte héroïque a étonné, en lui faisant comprendre ce que la France aurait pu faire si elle avait été préparée à la guerre.

Nous dirons mieux, l'Allemand désirait aussi la paix ; car nos jeunes armées s'étaient aguerries, et, dans un effort suprême, rien ne lui prouvait que nous ne pouvions pas briser les lignes de fer et de feu qui cherchaient à nous envelopper.

La fortune sourit quelquefois aux aventureux.

Qu'on lise ce qui suit, publié il y a à peine huit jours, dans la *Gazette d'Augsbourg* et l'on verra que nous pourrions bien ne pas nous être fait illusion :

« Il était du plus grand intérêt pour l'armée
« Allemande que, lors de la bataille de Coul-
« miers, Metz eût déjà capitulé; car si Bazaine
« avait pu tenir seulement un court espace
« de temps encore, l'armée de la Loire, malgré
« son organisation défectueuse, serait vérita-
« blement parvenue à débloquer Paris. Mais de
« cette façon, les corps 5, 10 et 3 qui marchaient
« sur Lyon, purent à Troyes se détourner sur
« l'Ouest et se réunir, à la fin de novembre, à
« l'armée du duc de Mecklembourg, pour arrê-
« ter à temps et définitivement l'attaque renou-
« velée de cette armée sous Chanzy. »

Ce témoignage impartial ne donne-t-il pas un sanglant soufflet aux Français sans patriotisme qui osent faire un crime au Gouvernement de la Défense nationale de n'avoir pas désespéré du salut de la Patrie? Laissons à Bazaine la honte de son odieuse trahison; mais rendons la justice qui est due au brave et brillant Chanzy et à son armée; eux ont fait leurs devoirs; eux pouvaient tout sauver encore si l'Assemblée nationale eût été animée de tout autre sentiment que celui de la paix à tout prix. Oui, nous croyons fermement qu'elle pouvait décréter la victoire!... La chose s'est vue... autrefois.!

CONCLUSION.

« Ce n'est pas la balle qui tue ; c'est le des-
« tin, » dit l'Arabe.

Souvenez-vous-en, soldats du Dauphiné, soldats de la France!

Un peuple qui se régénère dans ses lois, dans

ses mœurs, doit vaincre, ne l'oubliez pas ; et le jour de la revendication de notre frontière naturelle... le Rhin, oui ! le Rhin! ne tardera pas d'arriver.

Inspirez-vous donc des mâles vertus qui font le citoyen.

Ne craignez pas le danger. Il n'en existe pas pour les braves qui veulent délivrer leur Patrie.

Puis, le grand jour arrivé, marchez fièrement en avant, unis dans une même pensée : la vengeance ! Et guidés par les mémorables exemples de nos pères, vous vaincrez aux cris de Vive la Liberté ! Vive la République !

TABLE

—

ERRATA.

Page 10, ligne 22, lisez : *administration.*
— 18 — 11 — *travail journalier.*
— 27 — 21 — *distance.*
— 78 — 12 — *sa gauche.*
— 94 — 17 — *Virard.*
— 101 — 2 — *Jauréguiberry.*
— 119 — 16 — *à sa gauche.*
— 135 — 13 — *Lussay.*
— 203 — 11 — *Gautier.*

[illegible] au-Spa[illegible]

[illegible] es du No[illegible]

[illegible]mandante

L'Alg[illegible]e épisodique

[illegible]erite de Manguelis

[illegible] du Caïd

Cause[illegible] cheval)

Ce[illegible] pratique du [illegible]

In-[illegible] gravures, chez J. Ro[illegible]

13, rue [illegible] Pères, Paris.

Grenoble, imp. Rigaudin et Lassagne.

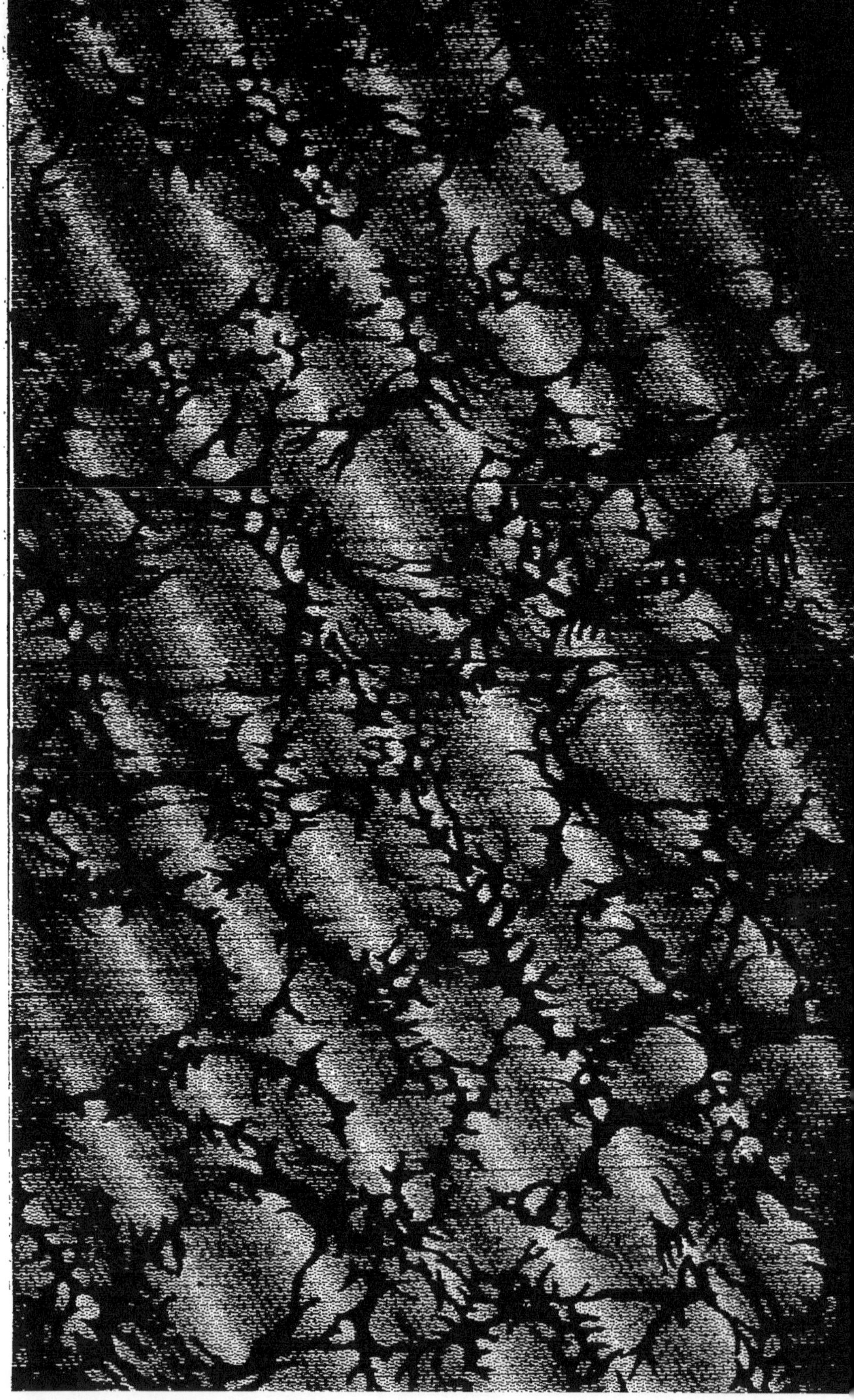

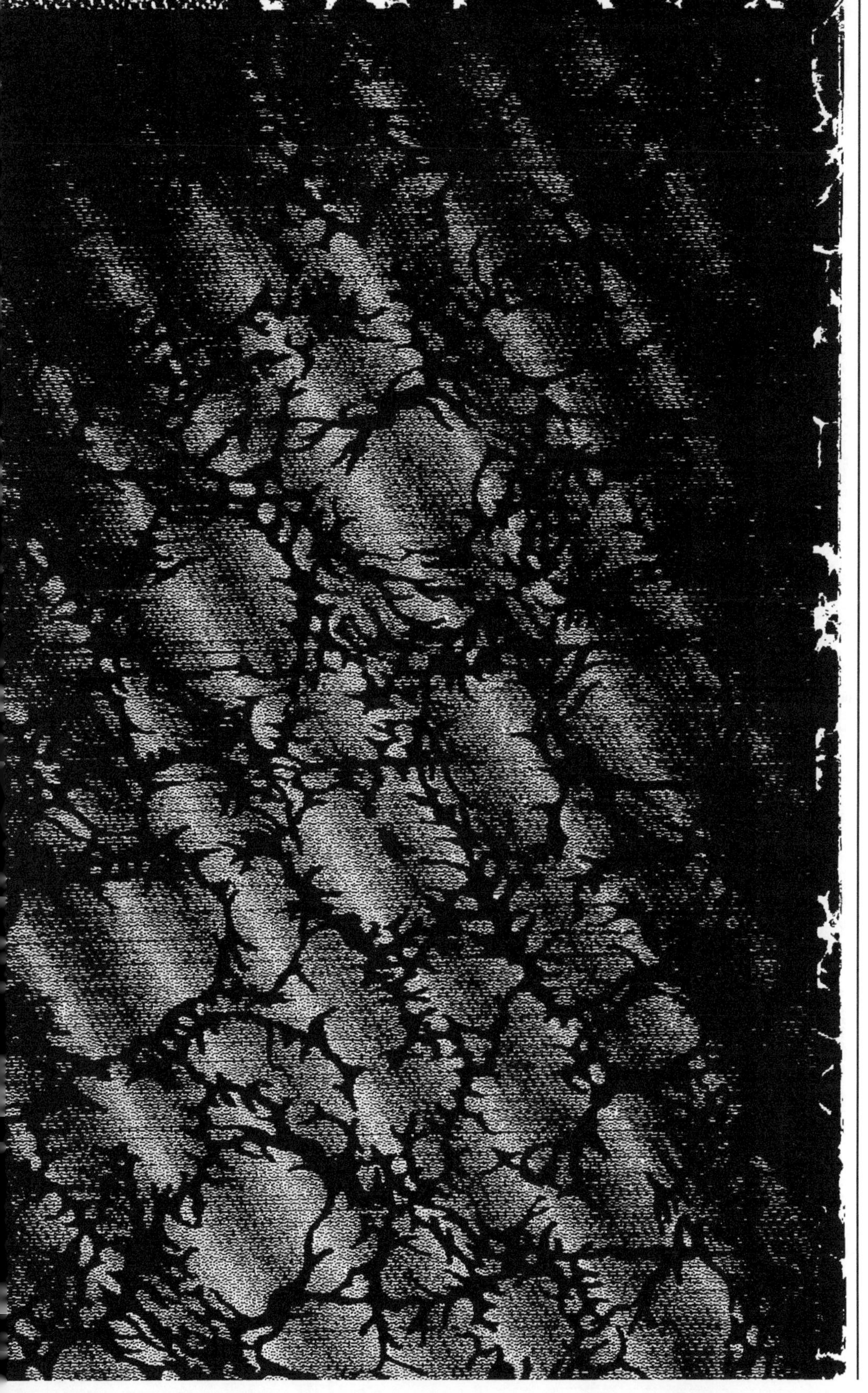

BIBLIOTHEQUE NATIONALE DE FRANCE
3 7531 04272204 2

www.ingramcontent.com/pod-product-compliance
Ingram Content Group UK Ltd.
Pitfield, Milton Keynes, MK11 3LW, UK
UKHW012158240726
13966UKWH00002B/430